줄리정 불법 IELTS READING

Juli Jung's Immutable Law for IELTS Reading

READING

2022년 7월 1일 1쇄 인쇄

지은이	줄리정
발행인	홍은경
발행처	SUNNY SUNDAY www.sunnysunday.co.kr
주소	경기도 성남시 분당구 성남대로 343번길 12-2, B 303호
전화	070-8842-1910
디자인·인쇄	디자인온 designon1010@naver.com

ISBN 979-11-90883-13-9 13740

※ 책값은 뒤표지에 있습니다.
※ 잘못된 책은 구입처에서 교환하여 드립니다.
※ 이 책은 저작권법에 의하여 보호를 받는 저작물이므로 무단 전재와 무단 복제를 금합니다.

Academic / General 공통

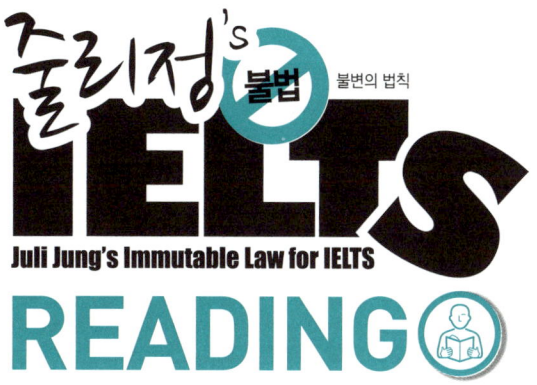

줄리정 지음

CONTENTS

Chapter 01 — IELTS란?

IELTS 시험 한 눈에 보기 — 10

1. IELTS 기본 정보
- 01 IELTS 시험 종류 — 12
- 02 IELTS 시험 일정, 접수, 응시료 — 13
- 03 IELTS 시험 장소 — 14
- 04 IELTS 시험 당일 준비물 및 입실 절차 — 14
- 05 IELTS 시험 시간표 (지필 시험 기준) — 15
- 06 IELTS on paper vs computer — 16
- 07 IELTS 성적 — 16
- 08 IELTS 채점 기준 — 17
- 09 IELTS vs TOEFL 점수 환산표 — 17
- 10 IELTS 성적 재채점 (Enquiry on Result) — 18

2. IELTS 시험 구성
- 01 Listening — 20
- 02 Reading — 21
- 03 Writing — 23
- 04 Speaking — 25
- 05 Academic Module과 General Training Module의 공통점 및 차이점 — 26

3. IELTS 활용하기
- 01 IELTS를 채택한 국내 학교와 기관 — 27
- 02 IELTS를 채택한 해외 학교 — 28
- 03 해외취업과 이민 — 31

4. 반드시 지켜야 할 '불법' 3가지
- 01 Study with a Teacher! — 32
- 02 Read a Newspaper! — 35
- 03 Never Stop! — 36

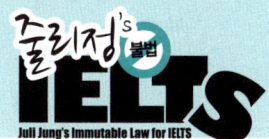

Chapter 02 Reading 학습법

1. Reading Tips!

01 Reading에서 나오는 문제 유형 바로 알기 — 41
02 1번 문제부터 푼다는 생각을 버려라 — 42
03 TRUE/FALSE/NOT GIVEN vs. YES/NO/NOT GIVEN — 42
04 답안이 허용하는 단어 개수 조건을 꼭 확인한다 — 43
05 대소문자, 단수, 복수를 구분한다 — 44
06 답안지에 답을 옮기면서 문제를 푼다 — 44

2. 문제 유형별 전략

문제 유형별 실전 TEST — 46
01 Table — 48
02 Flow Chart — 49
03 Short Answer — 50
04 Summary — 50
05 Information — 51
06 Multiple Choice — 52
07 T/F/NG or Y/N/NG — 53
08 Heading — 54

문제 유형별 풀이 요령
01 Table (표의 빈칸을 채우는 주관식 문제) — 55
02 Flow Chart (순서도의 빈칸을 채우는 주관식 문제) — 57
03 Short Answer (질문에 간단하게 답하는 주관식 문제) — 61
04 Summary (지문의 내용을 요약한 문장의 빈칸을 채우는 주관식 문제) — 64
05 Information (키워드가 어느 단락에서 나왔는지를 찾는 객관식 문제) — 67
06 Multiple Choice (문제의 답을 보기에서 고르는 객관식 문제) — 69
07 T/F/NG or Y/N/NG (문제의 내용이 지문의 내용과 일치하는지 여부를 묻는 객관식 문제) — 72
08 Heading (보기에서 각 단락의 주제문을 찾는 객관식 문제) — 77

독해연습 — 81

CONTENTS

Chapter 03 — Reading Test Level : Easy ★☆☆

Test 1~6

01	Table	Who wants to cheer for nuclear power? 누가 원자력 발전을 응원하고 싶어 할까?	90
02	Flow Chart	In search of the real Pizza Margherita 진짜 마르게리타 피자(Pizza Margherita)를 찾아서	96
03	Information	Not just any old ball game! 그냥 오래된 보통 공놀이가 아니야!	102
04	Summary	Lighten up your mood 당신의 기분에 불을 밝혀보세요.	108
05	Information	Save up for the Lamborghini of the chicken world 닭고기계의 람보르기니를 위해 돈을 모아두세요.	114
06	Multiple Choice	The Beach : return to paradise The Beach : 낙원으로 돌아가기	120

Chapter 04 — Reading Test Level : Intermediate ★★☆

Test 7~13

07	Table	Roving to find life on Mars 화성(Mars)에서 생명체를 찾기 위한 탐사	128
08	Short Answer	How to survive nuclear attack 핵 공격에서 살아남는 방법	134
09	Short Answer	The Romans' road to success 로마인들의 성공을 향한 길	140
10	Information Summary	The planet's plastic crisis 지구의 플라스틱 위기	146
11	T/F/NG Short Answer	This is a man's world (at least when it comes to sport) 이 곳은 남자의 세상이다 (적어도 스포츠에 관한 한)	154
12	Summary Heading	Did stress make the human brain so big? 스트레스가 인간의 뇌를 크게 만들었을까?	162
13	Multiple Choice	Sugar is sour for body and mind 설탕은 몸과 마음을 상하게 한다.	170

Chapter 05 Reading Test Level : Advanced ★★★

Test 14~20

14	**Table**	A tale of two volcanoes 두 화산 이야기	178
15	**Flow Chart** T/F/N/G	Tokyo shows how to keep housing affordable 도쿄가 보여준 주택 가격 안정의 예시	184
16	**T/F/N/G**	The myth of the British accent 영국식 악센트에 대한 통념	194
17	**Multiple Choice** **Summary**	Time to hand AI the wheel? AI가 운전대를 잡을 때인가?	200
18	**Multiple Choice** **Information**	The warning bells of extinction 멸종에 대한 경종	210
19	**Heading** T/F/N/G	Does it ever really rain cats and dogs? 정말 고양이와 개가 비처럼 내릴까?	220
20	**Heading** **Short Answer**	In search of the real King Arthur 진짜 아서왕을 찾아서	228

Chapter 01

IELTS란?

IELTS (International English Language Testing System, 아이엘츠)

IELTS는 International English Language Testing System의 약자로 국제 공인 영어능력 평가시험이다. IELTS(www.ielts.org)는 미국, 영국, 호주, 캐나다, 뉴질랜드 등 영어권 국가로 유학, 취업, 이민을 희망하는 사람들을 위한 시험으로 영국문화원(British Council), IDP : IELTS Australia와 케임브리지 대학 산하 영어평가 연구소(Cambridge Assessment English)가 공동으로 개발, 관리, 운영하고 있다.

1989년부터 시행되어 현재는 전 세계 140여 개 국 1,600여 개 센터에서 운영되고 있으며 매년 수백만 명의 수험자가 응시하는 큰 규모의 시험이다. 2019년을 기준으로 350만 명 이상이 응시하였으며, 이는 전 세계 TOEFL 응시자보다 많은 숫자다. 미국식 영어를 배우는 우리나라에서는 IELTS 시험이 이제야 활발하게 알려지고 있지만, 전 세계 인구의 3분의 1을 차지하는 중국과 인도에서는 TOEIC, TOEFL 응시자보다 IELTS 응시자가 압도적으로 많다. 국내 응시자 규모 또한 최근 5년 동안 1만명 이상 증가하며 빠르게 성장하고 있다.

📖🔍 IELTS 시험 한 눈에 보기 (자료제공 : 주한영국문화원)

1. IELTS란?

IELTS(International English Language Testing System, 아이엘츠)는 미국, 영국, 호주, 캐나다, 뉴질랜드 등 영어권 국가로의 유학이나 이민, 취업을 희망하는 분들의 영어 커뮤니케이션 능력을 평가하기 위해 개발된 국제 공인 영어 시험입니다. 정교하게 만들어진 평가 기준을 활용하여 초보 사용자부터 원어민 수준에 이르는 응시자의 다양하고 광범위한 영어 사용 능력을 공정하게 평가합니다. 주한영국문화원 IELTS와 함께 꿈을 향한 도전을 시작하시길 바랍니다.

MILLIONS of tests taken
전 세계 수백만의 응시자

140 countries
1,600 centres
140개국
1,600여 시험 센터 운영

more than 11,000 organisations accept
11,000여 곳 이상의 교육기관, 기업, 정부기관 등에서 점수 활용

1:1 speaking test
진정한 커뮤니케이션 능력 평가를 위한 1:1 인터뷰 시험 채택

2. IELTS 구성 및 모듈

시험 접수 전 반드시 모듈 선택을 해야하며, 본인이 선택하고자 하는 모듈이 확실치 않은 경우에는 지원하고자 하는 대학이나 기관 담당자, 또는 이민 담당자와 상의하세요.

ACADEMIC MODULE	GENERAL TRAINING MODULE
• 국내외 대학 정규과정, 대학원진학 • 전문직 취업 이민	• 영어권 국가로의 이민 • 해외 직업 연수 및 취업 서류

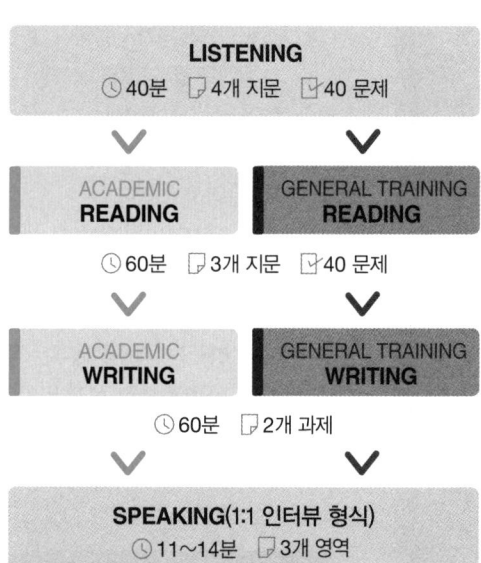

LISTENING
🕐 40분 📄 4개 지문 📝 40 문제

ACADEMIC READING / **GENERAL TRAINING READING**
🕐 60분 📄 3개 지문 📝 40 문제

ACADEMIC WRITING / **GENERAL TRAINING WRITING**
🕐 60분 📄 2개 과제

SPEAKING (1:1 인터뷰 형식)
🕐 11~14분 📄 3개 영역

지필 시험의 경우 Writing → Reading → Listening 순서로 진행됩니다.

[전 세계 영어 시험 중
가장 실용적인 영어 시험 아이엘츠]

3 IELTS 시험의 종류

시험의 종류는 목적에 따라 3가지로 나뉩니다. 본인에게 필요한 시험을 선택하세요.

	IELTS on computer	IELTS on paper	IELTS for UKVI
권장 응시자	성적이 빨리 필요한 분	종이 시험이 편한 분	영국 진출을 계획하는 분
시험 일정*	월 50회 이상	월 3~4회	월 4~8회
진행 방법	컴퓨터	종이	컴퓨터/종이 선택 가능
시행 지역*	서울, 대전, 대구, 부산	서울, 인천, 대전, 대구, 광주, 부산	서울
응시료*	273,000원	273,000원	304,000원
1:1 스피킹 시간	영국문화원에서 접수하면 원하는 시간으로 선택 가능!		

*2022년 7월 기준

4 IELTS 결과

- 1점에서 9점까지 0.5점 간격으로 구성
- 네 과목의 개별 점수, 전체 평균점수, CEFR 등급 제공
- 성적 산출 기간
  - IELTS on paper : 13일
  - IELTS on computer : 3~5일
- 온라인으로도 성적 확인 가능
- 시험일로부터 2년 동안 유효
- 특정 영역별 능력 및 전반적인 영어실력을 한 눈에 파악 가능
- 지원하는 기관으로의 성적표 전송 및 재채점 서비스 운영

| BAND 9 | Expert User |
| BAND 7 | Good User |

난이도가 높은 표현을 충분히 구사하며, 복잡하고 세세한 내용도 이해함

| BAND 6 | Competent User |

친숙한 상황과 주제에 관해서는 유창히 구사하지만, 때때로 부정확한 표현을 사용함

| BAND 5 | Modest User |

기본 의사소통은 가능하지만, 복잡한 내용의 이해와 유창성이 다소 부족함

| BAND 1 | Non User |

5 IELTS 활용도

유학
- 국내 및 해외 대학/대학원 진학
- 교환학생 신청 시 필수 제출 서류

이민
- 영어권 국가로의 이민 준비 시 언어 구사 능력 증빙을 위한 필수 서류

취업
- 의료, 보건 및 IT 업계 해외 취업 이민
- 글로벌 기업 및 국제기구로의 취업 시 제출

1 IELTS란?
IELTS 기본 정보

01 IELTS 시험 종류

IELTS는 전 세계 영어 시험 중 가장 실용적인 영어 시험이라고 감히 말할 수 있다. 여기서 '실용적' 이라는 의미는 단순히 점수 따기식 구성이 아니라, 희망하는 나라에서 '그대로' 사용할 수 있는 방식으로 시험이 구성되어 있다는 의미이다. 언어의 네 가지 영역인 Listening, Reading, Writing, Speaking에 대한 점수 배분이 균등하며, 문제들 또한 영어권 국가로의 유학과 이민을 위한 가장 기본적인 실제 상황들을 바탕으로 하고 있다. 시험 준비를 통해서 학습자는 유학이나 이민 시 필요한 내용들을 선행학습 하는 셈이 된다.

또한, IELTS에는 목적에 따른 두 가지 모듈이 존재한다. 첫 번째는 대학 교육 수준 이상의 유학을 목적으로 하는 학생들이 치르는 Academic Module이고, 두 번째는 이민과 취업을 희망하는 사람들이 치르는 General Training Module이다. 이 두 Module은 Listening과 Speaking 문제는 똑같지만, Reading과 Writing 문제는 서로 다른 부분이 있기 때문에 본인이 응시해야 하는 Module이 무엇인지를 먼저 확인하고 시험에 대비해야 한다.

1) Academic Module
영어권 국가에서의 학사 과정, 혹은 국내외 다양한 국가에서의 석사, 박사 등의 과정에 지원하는 사람들이 준비하는 시험으로 고등교육에 필요한 학문적인 영어 의사소통 능력에 중점을 둔다.

2) General Training Module
영국, 호주, 뉴질랜드, 캐나다 등 영연방 국가로의 이민을 계획하거나 이러한 국가에서 중등교육, 전문 주립대 입학, 직업 연수를 받으려는 사람들을 대상으로 하는 시험으로 그 사회에서 직업을 구하고 생활을 지속하는 데에 필요한 기본적인 영어 의사소통 능력에 중점을 둔다.

3) IELTS for UKVI
아이엘츠 시험을 준비하는 수험자 중 특히 '영국'으로의 취업, 유학, 이민을 준비하고 있다면

IELTS for UKVI(UK Visas and Immigration) 시험을 응시해야 하는지 정확히 확인을 해봐야 한다. 일반 IELTS 시험과 문제 유형, 난이도 및 채점 방식은 모두 동일하지만, 이 시험을 응시한 수험자의 성적표에는 영국 외무국제개발부가 검증한 공식 시험센터에서 응시를 했다는 기록을 위한 코드가 추가적으로 기재된다.

만약 영국 대학으로의 유학을 준비하고 있다면, 해당 학교에서 UKVI 시험을 요구하는지를 입학처를 통해 꼭 확인해야 하며(비자 발급이 안 될 수도 있다!), 영국 비자이민국에 Student Visa Sponsor로 등록된 학교들은 일반 IELTS 시험으로도 입학과 비자 발급이 가능할 수 있기 때문에 지원하려는 학교의 비자 스폰서 등록 여부도 찾아보는 것이 좋다.

02 IELTS 시험 일정, 접수, 응시료

문제지가 주어지고 연필로 답을 적어서 제출하는 지필 시험 방식(IELTS on paper)과, 개별 모니터와 헤드폰으로 문제를 보고 들은 후 마우스와 키보드로 답을 작성하는 컴퓨터 시험 방식(IELTS on computer) 중 하나를 선택할 수 있다. 단, 두 가지 방식 모두 Speaking 시험은 원어민 시험관과 1:1 대면 방식으로 진행되며, 응시하는 국가나 시험장에 따라 실시간 온라인 화상 면접 형태로 Speaking 시험(Video-Call Speaking)을 진행하는 곳도 있다.

지필 시험은 한 달에 4회(토요일 3회/목요일 1회), 컴퓨터 시험은 한 달에 약 50회 진행으로 더 자주 응시할 수 있다. 아이엘츠 시험의 주관사인 영국문화원과 IDP의 접수 사이트를 통해 온라인 접수가 가능하고, 주관사나 시험장별 문제나 난이도의 차이는 없다. 시험 등록 시 허용되는 신분증은 여권이 유일하므로 되도록 유학 기간을 다 포함할 만큼 유효 기간이 넉넉히 남은 여권을 꼭 준비하도록 하자.

응시료는 2022년 6월 기준 아래와 같으며, 신용카드, 무통장 입금, 가상계좌 등의 다양한 결제 옵션이 있다.

Tip

응시료	Regular IELTS on paper/computer	273,000원
	IELTS for UKVI on paper/computer	304,000원

주관사 별 접수 사이트	영국문화원	https://reg.britishcouncil.kr
	IDP	https://www.ieltskorea.org

03 IELTS 시험 장소

서울, 경기뿐만 아니라 인천, 대전, 대구, 광주, 부산, 제주 등 거의 전국에서 아이엘츠 시험을 응시할 수 있다. 대학 및 대형 어학원 등을 고사장으로 사용하고 있다.

04 IELTS 시험 당일 준비물 및 입실 절차

1) 고사장에서는 아래 명시된 물품만 허용된다.

허용 물품 : 연필/샤프, 지우개, 유효한 여권과 이 여권의 사본 1부 (신분증은 모든 과목의 시험이 끝날 때까지 반드시 지참한다.)

금지 물품 : 허용되는 것 이외 모든 것.
대표적으로, 가방, 커피, 물을 제외한 음료수, 휴대전화, 스마트 기기, 모든 종류의 시계, 블루투스 이어폰, 볼펜, 형광펜, 필통, 무릎 담요, 모자, 목도리, 장갑 등이 있다.

2) 입실 절차 (지필, 컴퓨터 동일)

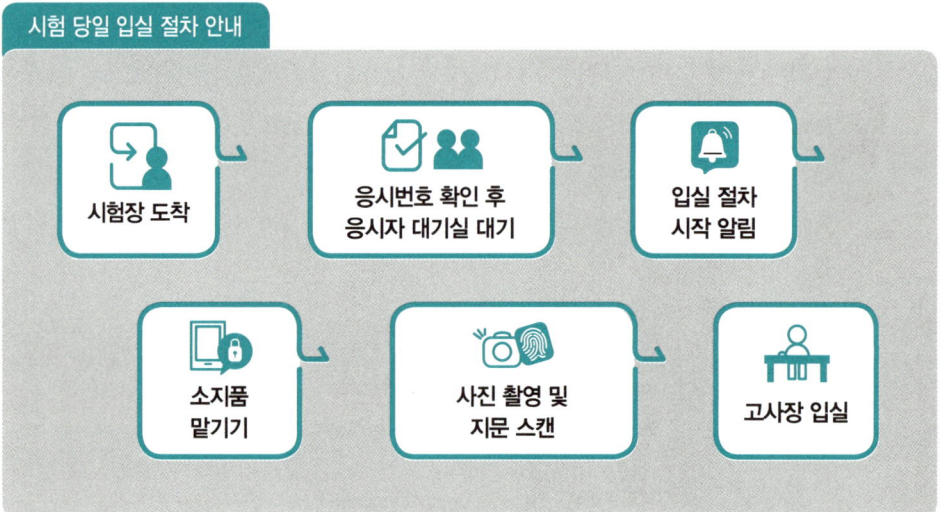

05 IELTS 시험 시간표 (지필 시험 기준)

응시자는 시험 당일 오전 8시까지 고사장에 도착해야 한다. 고사장에 입실하기 전에 신분 확인과 가방 보관을 마친 후 배정된 시험장으로 입실하고 시험 전 유의사항에 대한 안내를 듣는다. 시험 감독관의 안내가 시작되면 입실이 불가능하므로 늦지 않도록 주의해야 한다. 시험 안내가 시작되는 8시 50분부터 오전 필기 과목들이 끝나는 12시 10분 사이에 휴식 시간은 없으며, 시험과 시험 사이, 답안지를 걷고 문제지를 나눠줄 때에도 자리 이동은 불가능하다. 단, Reading과 Writing 시작 후 5분과 종료 전 5분을 제외하곤 감독관의 동행 하에 화장실을 다녀올 수 있다. Speaking 시험은 보통 오후 1시부터 6시까지 진행되며 응시자는 여권을 지참하고 본인의 시험 시간 20분 전에 지정된 장소에 와서 대기해야 한다. 추가 접수자의 경우에는 다른 날(보통 일요일)에 Speaking 시험만 따로 보는 경우도 있으며 이러한 사항은 시험일 전에 웹사이트를 통해 미리 확인해 볼 수 있다.

컴퓨터 시험의 경우 오전/오후/저녁 시험에 따라 진행 순서가 약간 다를 수도 있다.

과목	시간	문제 개수	비고
Briefing (시험안내)	8 : 50 ~		답안 작성 시 주의사항 등 시험 전반에 대한 간략한 안내
Writing (쓰기)	9 : 10 ~ 10 : 10 (총 1시간)	2개의 Task Task 1은 150 단어 이상 Task 2는 250 단어 이상	점수 비중이 높은 Task 2부터 작성해야 고득점을 받는다.
Reading (읽기)	10 : 20 ~ 11 : 20 (총 1시간)	3개의 Passage 각 Passage당 13~14문제 총 40문제	1시간 안에 문제도 풀고 답안지도 작성해야 한다. 시간이 부족하기 때문에 1번부터 순서대로 풀지 말고, 주관식 등 쉬운 문제부터 골라서 먼저 푼다.
Listening (듣기)	11 : 30 ~ 12 : 10 (총 40분 : 음성 녹음 30분 + 답안 작성 10분)	4개의 Part 각 Part당 10문제 총 40문제	음성 녹음이 끝나면 답안 작성을 위한 추가 10분이 주어진다.
Break (휴식)			
Speaking (말하기)	13 : 00 ~ 18 : 00 (총 11~14분)	3개의 Part 원어민 시험관과 1 : 1 인터뷰	추가 접수자는 일요일에 Speaking 시험을 치를 수도 있다.

⚠️ 시험 종료 후에도 답안을 작성하는 응시자들이 매 시험마다 있는데 이러한 행위는 부정행위로 간주되어 실격 처리된다. 따라서 시험관이 시험 종료를 알리면 필기구를 책상에 올려 놓은 후 손을 책상 아래로 내려야 한다.

06 IELTS on paper vs computer

Paper	비교 항목	Computer
시험일로 부터 13일 후	성적 발표일	시험일로 부터 3~5일 후
최대 월 4회	시험 일정	최대 월 50회 오전/오후/저녁 시험 운영
오전 W/R/L + 오후 S	과목 순서	응시한 시간대에 따라 L/R/W + S 혹은 S + L/R/W
손글씨로 작성	답안 작성 방법	키보드로 타이핑
토요일 시험 : 시험 주 월요일 자정 목요일 시험 : 시험 전 주 일요일 자정	접수 마감일	시험일로부터 4일 전
일반 : 273,000원 UKVI : 304,000원	응시료	일반 : 273,000원 UKVI : 304,000원

07 IELTS 성적

IELTS의 점수 산출은 각 과목의 점수를 0~9점으로 매기고 0.5점 단위로 채점한다. 0점은 시험에 응시하지 않은 경우이고 9점은 만점이다. 총점은 각 과목의 점수를 더한 후 4로 나누어서 반올림한다.

Listening	Reading	Writing	Speaking	Overall Band Score	CEFR* Level
6.5	7.5	7.0	6.0	7.0	C1

※ CEFR (Common European Framework of Reference) : 유럽 언어의 구사 능력을 표준화 해 둔 공통 기준으로 한 사람이 가진 언어 능력을 6개 등급으로 구분해 두었다. 가장 낮은 A1부터 A2, B1, B2, C1, C2까지 올라가며, 언어 구사 능력을 상세히 기술해 놓은 Can-Do Statement가 특징이다.

즉 6.5+7.5+7.0+6.0 = 27이고 이것을 4로 나누면 6.75, 이 점수를 반올림하면 7.0이 된다.

4과목의 점수를 더해서 4로 나눈 평균 값	6.0	6.125	6.25	6.375	6.5	6.625	6.75	6.875	7.0
Overall Band Score	6.0	6.0	6.5	6.5	6.5	6.5	7.0	7.0	7.0

08 IELTS 채점 기준

아래의 표는 IELTS 본부 사이트(www.ielts.org)에서 발표한 채점 기준으로 현재의 채점 기준이라고 볼 수 있다. 특히 Academic과 General Training Reading의 맞은 개수에 따른 점수 산정이 다른 것을 눈여겨봐야 하는데 비교적 난이도가 낮다고 여겨지는 General Training이기 때문에 더 많은 문제를 맞혀야 높은 점수를 얻을 수 있다.

※ 아래 과목은 총 40문제가 출제되며, 응시자들이 주로 목표로 하는 점수대만 표기하였다.

Band Score	Listening	Academic Reading	General Training Reading
5	16~22	15~22	23~29
6	23~29	23~29	30~33
7	30~34	30~34	34~37
8	35~39	35~39	38~39

09 IELTS vs TOEFL 점수 환산표

IELTS	IBT TOEFL
7.5 ~ 9.0	113 ~ 120
7.0	100
6.5	90 ~ 91
6.0	79 ~ 80
5.5	69 ~ 70
5.0	59 ~ 60
4.5	49 ~ 50
4.0	39 ~ 40
3.5	29 ~ 30

10 IELTS 성적 재채점 (Enquiry on Result)

시험 결과에 이의가 있을 경우, 재채점을 요청할 수 있다. 재채점은 시험일로부터 6주 이내에만 신청 가능하며 결과가 나오기까지 최대 4주 정도 소요된다. 재채점은 영국 본부에서 진행되며 재채점 기간동안 해당 성적이 '미확정' 상태로 돌아가기 때문에 성적표는 사용할 수 없다. 아래 신청방법은 영국문화원 IELTS 접수 사이트에 있는 내용을 참고하였다.

> **Tip**
>
> **재채점 신청방법**
> - 영국문화원 IELTS 접수 사이트에서 신청 예약을 완료 (시험 성적 → 성적 재채점 메뉴)
> - 예약 완료 후 24시간 이내에 재채점 비용 입금
> - 재채점 신청서를 동봉하여 주한영국문화원 재채점 담당자 앞으로 등기 발송
>   (재채점 신청서 발송 및 재채점 비용 입금이 완료되어야 신청 가능)
> - 원본 성적표는 제출하지 않음
> - 재채점의 진행 상황은 홈페이지를 통해서 확인
> - 재채점 결과는 응시자 개인 이메일을 통해 전달 (온라인 확인 불가능)
> - 재채점 결과 성적에 변동이 있을 경우, 원본 성적표를 주한영국문화원으로 반환
> - 원본 성적표 반환이 이루어져야 새로운 성적표가 발급
>
> **재채점 신청기간**
> - 시험일로부터 6주 이내에 신청 가능
>
> **재채점 비용안내**
> - 16만원 (재채점 과목수에 관계없이 비용은 동일)
> - 재채점 결과, 성적의 상향 변동이 있을 경우에만 재채점 비용이 전액 환불

만약 응시자의 IELTS 시험 점수가 원하는 대학에서 요구하는 각 과목의 점수 중, 한 과목에서만 0.5점이 부족하다면 다시 시험을 보는 것보다는 재채점을 신청해 보는 것도 좋은 방법이다. 왜냐하면 'each band'의 요건이 있는 경우, Writing만 0.5점 부족해서 다시 시험을 치렀는데 이번 시험에서는 Writing은 each band 요건을 넘겼지만 Speaking에서 0.5점이 부족해서 또 다시 시험을 치러야 하는 경우가 자주 발생하기 때문이다. 여기서 말하는 'each band'란 특정 과목 또는 모든 과목 점수가 각각 일정한 점수 이상이 되어야 하는 것을 말한다.

2 IELTS란?
IELTS 시험 구성

IELTS는 목적에 따라 Academic Module과 General Training Module로 구분되며 Listening과 Speaking 문제는 동일하고 Reading과 Writing 문제는 다르게 출제된다.

아래 도표는 컴퓨터 시험의 진행 순서이며, 지필 시험의 경우 Writing → Reading → Listening의 순서로 필기 과목이 진행된다. 컴퓨터 시험의 경우, Listening 답안을 옮겨 적을 필요가 없기 때문에 지필 시험의 10분이 아닌 2분의 시간이 주어진다.

01 Listening

Listening 시험은 모듈 공통의 문제가 출제된다.

	내용과 특징	시험 시간	문제 개수
Part 1	일상적인 주제 (2인 대화) 주관식 문제가 자주 출제됨	약 30분 + 10분 총 약 40분	Part 별로 각 10문제 총 40문항
Part 2	일상적인 주제 (2인 대화) 여행, 주택임대, 대학시설 등에 관한 문의		
Part 3	전문적인 주제 (3인 대화) 연구과제에 관한 교수와 학생들 간의 대화		
Part 4	전문적인 주제 (1인 강의) 학술, 환경, 역사 등에 관한 전문적 지식 전달		

1) 구성

총 4개 Part로 구성되고, 각 Part 당 10문제씩 총 40개의 문제가 출제된다. 약 30분 간 음성 파일에서 출제되는 문제를 듣고 추가로 주어진 10분 동안 답을 답안지에 옮겨 적는다. 컴퓨터 시험의 경우 답을 다 입력했는지 확인만 할 수 있는 2분이 주어진다. 음성 파일은 1회만 재생된다. Part 1 & 2는 일상적인 상황, 예를 들면 대학생활, 직장생활, 여행 예약, 병원 진료, 파티 준비 등의 비교적 평이한 주제와 내용이 출제된다. 주관식 답을 요하는 문제들이 많으므로 스펠링, 대소문자, 단어 수 제한 등에 주의해야 한다. Part 3 & 4는 전문적인 주제, 예를 들면 비즈니스 사례연구, 환경과 자연 문제, 사회적 이슈, 대학교 강의 등 비교적 난이도가 있는 내용이 출제되며 Part 1 & 2보다 지문도 길다. 따라서 내용을 듣기 전, 문제와 보기를 미리 읽어 두는 것이 고득점에 유리하다.

2) 특징

영국, 호주, 미국, 인도, 싱가포르 등 다양한 영어 발음으로 출제되므로 미국식 발음에만 익숙한 한국 학생들은 다른 나라에서 들을 수 있는 발음에도 익숙해져야 한다. 주관식 문제와 객관식 문제의 비율이 거의 비슷하므로 스펠링, 대소문자 구분, 단/복수 구분, 단어 개수 제한 등을 꼼꼼히 살펴봐야 한다.

각 Part 시작 전, 문제를 읽을 시간이 약 30초(Part 4는 1분) 주어지는데 이 시간동안 문제들을 되도록 많이 읽으면서 답안 작성 시 조건이나 주의사항을 숙지하고, 예상되는 유형의 답(날짜, 시간, 장소, 사람 이름)을 시험지에 메모한 후 문제를 풀어야 한다.

02 Reading

Reading은 모듈별로 다른 문제가 출제된다.

1. Academic Reading

내용과 특징		시험 시간	문제 개수
Passage 1	Passage 3개 모두 잡지 및 학술지 수준의 전문적인 내용	총 60분 (별도의 답안작성 시간 없음)	각 passage당 13 ~ 14문제 총 40문제
Passage 2	논문 형식의 글 (1,300자 내외, 2pages)		
Passage 3	건강, 환경, 문화, 과학, 사회 등의 폭넓은 내용		

1) 구성

총 3개 passage로 구성되고 각 지문 당 13~14개씩 총 40문제가 출제된다. 각 지문의 문제 유형은 비슷하다. 주어진 시간은 60분이며 Listening과는 달리 답안 작성을 위한 추가 시간이 주어지지 않기 때문에 문제를 풀면서 수시로 답을 답안지에 옮겨야 한다. 컴퓨터 시험의 경우에도 추가 시간은 없다.

2) 특징

IELTS 시험의 특성상 Reading 과목에서 단어 자체를 평가하는 문제는 나오지 않지만 평소 어휘 공부를 열심히 하지 않으면 지문뿐만 아니라 문제 자체를 해석할 수 없다. 특히 Academic Reading은 지문의 수준이 상당히 높고 한 지문 당 1,300자 내외의 긴 지문이 제시되기 때문에 지문만 읽다가도 60분이 다 흐를 수 있다.

어휘 실력의 향상을 위해서는 IELTS에 자주 출제되는 기출 단어를 공부하는 것이 효율적이며, 3개의 지문이 난이도 순서대로 배열되지 않았기 때문에 나에게 익숙하고 쉬운 것부터 선택해서 풀어야 한다. 주관식 답안을 작성할 때는 글자 수 제한 및 스펠링에 유의해야 한다.

2. General Training Reading

	내용과 특징	시험 시간	문제 개수
Passage 1	일상생활 관련, 2개의 지문	총 60분 (별도의 답안작성 시간 없음)	각 passage당 13 ~ 14문제 총 40문제
Passage 2	업무 관련, 2개의 지문		
Passage 3	논문 형식의 글 (1,000자 내외) Academic Reading과 비슷한 문제 유형, 1개의 지문		

1) 구성

총 3개 passage로 구성되고 각 지문 당 13~14개씩 총 40문제가 출제된다. Academic Reading의 구성과는 달리 각 지문마다 내용과 문제 유형이 다르다. 첫 번째 지문은 광고, 레스토랑, 교통수단, 병원, 쇼핑 등 일상 생활과 관련된 내용이고 서로 다른 내용의 비교적 짧은 지문이 2개 제시된다. 두 번째 지문은 회사 업무와 관련된 내용이고, 첫 번째 지문보다는 조금 더 긴 서로 다른 내용의 지문이 2개 제시된다. 마지막 지문은 Academic Reading과 비슷한 장문의 지문이 1개 출제된다. 주어진 시간은 1시간이며 Listening과는 달리 답안 작성을 위한 추가 시간이 주어지지 않기 때문에 문제를 풀면서 수시로 답을 답안지에 옮겨야 한다. 컴퓨터 시험의 경우에도 추가 시간은 없다.

2) 특징

General Reading은 영어권 국가에서의 생활과 직장 문화에 대한 이해가 부족한 사람들에겐 다소 어려울 수 있다. 하지만 단어와 지문의 수준이 비교적 높지 않고 지문의 길이가 Academic Reading보다는 상대적으로 짧다. 지문의 난이도는 뒤로 갈수록 어려워지기 때문에 문제 순서대로 풀어야하며 주관식 답안을 작성할 때에는 글자 수 제한과 스펠링에 유의해야 한다.

03 Writing

Writing시험은 Task 1과 Task 2로 구성되고 두 가지 문제에 대한 답을 모두 1시간 안에 작성해야 한다. Academic과 General Training Module의 Task 1은 문제 유형이 전혀 다르고 Task 2의 경우에는 Essay 유형으로 동일하다.

Writing 과목의 경우, 컴퓨터 시험으로 보는 것이 이점이 많은데 특히 copy and paste 기능, word counting, always-on clock 등을 잘 활용하면 시간적으로 매우 높은 효율을 누릴 수 있다.

1. Academic Writing

	내용과 특징	시험 시간	문제 개수
Task 1	그래프나 다이어그램 묘사하기 (150 단어 이상) 제시된 데이터를 비교, 분석하고 중요한 특징을 찾아서 기술	총 60분	Task 1 Task 2 총 2문제
Task 2	에세이 쓰기 (250 단어 이상) 주어진 에세이 주제와 유형에 맞춰서 본인의 주장이나 해결책을 제시		

1) 구성

총 2개 Task로 구성되고 두 개의 Task를 60분 안에 작성해야 한다. Task 1은 주어진 그래프를 비교 분석하고 특징을 객관적으로 묘사하는 글쓰기이다. 출제 가능한 그래프의 종류에는 바 그래프, 라인 그래프, 파이 차트, 테이블, 지도, 다이어그램 등이 있으며, 최소 150단어를 작성해야 하므로, 넉넉히 170단어 정도를 기준으로 삼아 연습하길 추천한다.

Task 2는 에세이 유형이며 주어진 이슈에 대한 응시자의 의견을 물어보거나 장단점, 원인과 해결책 등을 제시하라는 문제가 나온다. 최소 250단어를 작성해야 하므로, 넉넉히 270단어 정도를 기준으로 삼아 연습하길 추천한다.

2) 특징

Task 1은 대학 혹은 대학원 수업에서 필요한 자료들을 객관적으로 분석할 수 있는지를 평가하는 문제이다. 주어진 수치들의 증감, 변동, 그리고 연관성 등을 객관적으로 묘사해야 한다. 앞으로의 변화 추이에 대한 주관적인 전망이나 개인적인 의견을 제시해서는 안 된다.

Task 2는 작성해야 하는 단어 수가 많고 배점이 60%로 높기 때문에 Task 2부터 작성하길 강력히 권장한다. Task 1을 완성하지 못했을 때보다 Task 2를 완성하지 못했을 때 감점이 더 크기 때문이며, Writing 고득점을 목표로 한다면 주어진 60분 안에 두 개의 글을 모두 반드시 완성해야 한다. 또한 논점에 맞는지, 수준 높은 다양한 어휘를 구사했는지, 문법과 스펠링에 맞게 썼는지도 점수에 영향을 준다.

2. General Training Writing

내용과 특징		시험 시간	문제 개수
Task 1	편지 쓰기 (150 단어 이상) 감사, 요청, 불만, 조언 등의 상황이 제시되며 공식적인 내용인지 비공식적인 내용인지를 확인해서 이에 맞는 어투로 작성	총 60분	Task 1 Task 2 총 2문제
Task 2	에세이 쓰기 (250 단어 이상) Academic Writing Task 2와 유사 주어진 에세이 주제와 유형에 맞춰서 본인의 주장이나 해결책을 제시		

1) 구성

총 2개 Task로 구성되고 두 개의 Task를 60분 안에 작성해야 한다. Task 1은 주어진 상황에 맞는 공식적 혹은 비공식적 편지를 작성하는 것으로 감사, 요청, 불만, 조언 등의 상황이 제시된다. 편지 형식에 맞춰서 최소 150 단어를 작성해야 한다.

Task 2는 에세이 유형으로 Academic Writing Task 2와 동일하다. 주어진 이슈에 대한 응시자의 의견을 물어보거나 장단점, 원인과 해결책 등을 제시하라는 문제가 나온다. 최소 250단어를 작성해야 한다.

2) 특징

Task 1은 문제에 제시된 상황과 꼭 포함해야 하는 세 개의 bullet point 조건을 담아 편지를 작성하는 것이다. 본인이 영어로 잘 표현할 수 있는 쪽으로 내용을 이끌어 가는 것이 중요하며 친구에게 쓰는 비공식적인 편지인지, 회사나 학교로 보내는 공식적인 편지인지를 구별해서 상황에 맞는 표현들을 적절하게 사용해야 한다.

Task 2는 주어진 이슈에 대해 자신의 생각을 드러내는 에세이 형식으로 Task 1보다 작성하는 단어 수가 많고 배점이 높기 때문에 Task 2부터 작성하길 강력히 권장한다. Task 1을 완성하지 못했을 때보다 Task 2를 완성하지 못했을 때 감점이 더 크기 때문이며, Writing 고득점을 목표로 한다면 주어진 60분 안에 두 개의 글을 모두 반드시 완성해야 한다. 또한 논점에 맞는지, 수준 높은 다양한 어휘를 구사했는지, 문법과 스펠링에 맞게 썼는지도 점수에 영향을 준다.

04 Speaking

Speaking 시험은 모듈 공통의 문제가 출제된다.

	내용과 특징	시험 시간 총 11~14분
Part 1	Introduction and Short Interview (7 ~ 10문제) 시험관의 간단한 자기소개, 응시자 신분증 확인 일상생활 관련 주제로 한 두 문장으로 짧게 답한다.	4 ~ 5분
Part 2	Cue Card (1문제) 시험관으로부터 문제가 적힌 종이(Cue Card)를 받으면 응시자는 1분 간 준비하여 1 ~ 2분 간 대답한다.	3 ~ 4분 (준비 시간 1분 포함)
Part 3	Discussion (3 ~ 5문제) Part 2와 관련된 주제에 관한 심층 토론	4 ~ 5분

1) 구성

Speaking은 영어권 국가 출신의 숙련된 시험관(examiner)과 응시자의 1 대 1 인터뷰이다. 모든 인터뷰 내용은 재채점의 경우를 대비해서 녹음된다. 3개의 Part로 구성되어 있고 총 11~14분 정도가 소요된다.

Part 1과 3은 시험관이 직접 문제를 물어보지만, Part 2의 경우에는 시험관이 문제가 적힌 카드를 응시자에게 제시한다. 이때 응시자에겐 카드에 적힌 문제에 대해 생각할 수 있는 시간이 1분 주어지고 시험관은 응시자가 답변을 메모할 수 있도록 연필과 종이를 함께 제공한다. 응시자는 1~2분 간 자신의 생각을 논리적으로 명확하게 전달해야 한다. Speaking 평가 항목으로는 유창성과 일관성, 어휘력, 문법과 정확성 그리고 발음 등이 있다.

2) 특징

Part 1은 응시자의 직업이나 취미, 가족 등 일상생활을 물어보는 비교적 쉽고 친숙한 문제가 출제되고 1~2문장으로 간단하게 대답한다. Part 1은 워밍업 단계로 긴장을 풀고 자연스럽게 대답하는 것이 중요하다. 평가에서 큰 비중을 차지하지는 않는다.

Part 2는 시험관이 응시자에게 문제가 적힌 카드와 메모할 수 있는 연필과 종이를 함께 준다. 응시자는 1분 동안 문제를 읽고 본인이 대답할 내용을 간략하게 종이에 메모한다. 준비 시간 1분이 지난 후 시험관이 'Are you ready to speak?' 라고 물어보면 응시자는 'Yes, I am.' 이라고 간략히 대답하고 1~2분 간 문제에 대해 논점에 맞춰 아카데믹한 단어들을 사용해서 논리적으로 대답한다. 만약 대답 도중에 시험관이 말을 끊는다면 이것은 시간 관리를 위한 것으로 당황할 필요는 없다.

Part 3는 Part 2에서 주어진 주제와 관련된 심층 문제가 출제된다. 보통 과거, 현재, 미래의 상황을 비교하거나 두 가지 대상을 서로 비교하는 등의 문제가 주어진다. Part 1과 마찬가지로 원어민 시험관이 직접 물어보며 Part 1보다는 길게 대답해야 한다. 보통 4~6 문장 정도로 답하는 것이 좋다.

05 Academic Module과 General Training Module의 공통점 및 차이점

	Academic Module	General Training Module
Listening	공통	
Reading	Passage 1 전문독해 Passage 2 전문독해 Passage 3 전문독해	Passage 1 일상생활 Passage 2 직장생활 Passage 3 전문독해
Writing	Task 1 차트 분석 Task 2 에세이 작성	Task 1 편지 작성 Task 2 에세이 작성
Speaking	공통	

3 IELTS란?
IELTS 활용하기

01 IELTS를 채택한 국내 학교와 기관

1. 국내 대학교

서울대, 연세대, 고려대, 성균관대, 이화여대, 카이스트 등 국내 주요 대학들을 포함한 국내 상위 25개 대학 중, 72%인 18개 대학에서 입학, 졸업, 교환학생 선발 등을 위한 공인 영어 시험으로 IELTS를 채택했고 이러한 추세는 앞으로도 계속 이어질 전망이다.

2. 국내 기업

LS산전, 삼성, MBC, 대한항공, 현대해상화재, 한국증권거래소 등 국내 유수 기업과 기관에서 채용을 위한 영어공인시험으로 IELTS를 채택하고 있다.

3. IELTS를 채택한 국내 학교와 기업 목록

대학교	회사 및 기관
광동 대학교, 경기 대학교, 경희 대학교, 경북 대학교 계명 대학교, 세종 대학교, 포항 공과 대학교 국제 법률 경영 대학원 메릴랜드 대학 – 용산 교육센터, 수원 대학교 울산 대학교, 원광 대학교, 우송 대학교 영남 대학교, 연세 대학교, 장로회 신학 대학교 부산 대학교, 건국 대학교, 단국 대학교, 동국 대학교 서울 대학교, 서울 신학 대학교, 서울 여자 대학교 서강 대학교, 숙명 여자 대학교, 순천향 대학교 성균관 대학교 – 경영 대학원 성신 여자 대학교, 금강 대학교, 고려 대학교 한국 예술 종합 학교	호주 외교 통상부, 뉴질랜드 외교 통상부, 영국 문화원 – 서울, 영국 대사관, 캐나다 대사관, 캐나다 이민국 – 한국 펠로우십 어워드 프로그램, 광주 과학 기술원 한라 그룹, 한국 과학 기술원, 한국 공항 공단 한국 산업 안전 관리 공단, 한국 토지 개발 공사, 한국 해운 항만청, 한국 증권 거래소, 특허청, 금호 그룹, 정보 통신부, 국회, 삼성 그룹, 금융 감독원, 서울특별시청, 서울특별시 교육청, 대법원, 대구광역시 교육청

※ 출처 : IELTS 본부 웹사이트 (https://www.ielts.org/about-ielts/who-accepts-ielts-scores에서 Republic of Korea를 검색)

02 IELTS를 채택한 해외 학교

1. IELTS를 채택한 해외 대학 및 대학원

영연방 국가의 대학뿐만 아니라, 아이비리그를 포함한 미국 상위 100개 대학 중 97개 대학이 입학요건으로 IELTS를 채택하고 있다. 다음은 IELTS 점수대 별로 지원 가능한 해외 유명 대학 목록이다.

Academic Band Score (Minimum)	대학명
IELTS 7.0 (TOEFL IBT 100)	Oxford University / Columbia University University of California at Los Angeles / Duke University University of Chicago London School of Economics and Political Science(LSE) New York University / University of North Carolina at Chapel Hill University of Maryland / Michigan State University Boston University / Carnegie Mellon University University of Virginia
IELTS 6.5 (TOEFL IBT 90~91)	University of California at Berkeley / University of Cambridge University of Michigan at Ann Arbor / University of Toronto University of California at San Diego / University College London University of Texas at Austin / University of British Columbia University of Pittsburgh Australian National University / Pennsylvania State University McGill University University of Edinburgh / University of Bristol University of Sydney / Utrecht University
IELTS 6.5 (TOEFL IBT 90~91)	University of Melbourne / University of Alberta / Brown University University of Manchester / University of Munich University of New South Wales / University of Hong Kong University of Sheffield / Monash University University of Nottingham / University of Western Australia Technical University of Munich / Leiden University University of Waterloo / King's College London Purdue University / University of Birmingham / Uppsala University University of Amsterdam / University of Queensland Emory University / Case Western Reserve University University of Newcastle / Sussex University
IELTS 6.0 (TOEFL IBT 79~80)	University of Washington at Seattle National University of Singapore / University of Rochester Texas A&M University / University of Heidelberg

2. IELTS를 채택한 미국의 아이비리그 8개 대학

미국의 8개 아이비리그에서도 IELTS를 입학 요건으로 채택했다.

1) 하버드 대학교 (Harvard University) ▶ IELTS 점수 : 7.0

미국에서 가장 역사가 깊은(1636년 설립) 일류 고등교육기관 가운데 하나. 매사추세츠 주 케임브리지에 있다. 하버드 대학교는 미국의 지적·정치적 발전에서 여러 분야와 밀접한 관련을 맺어왔다. 1960년대경에는 존 애덤스, 존 퀸시 애덤스, 러더퍼드 B. 헤이스, 시어도어 루스벨트, 프랭클린 D. 루스벨트, 존 F. 케네디 등 6명의 미국 대통령과 수많은 법률가·장관·의원을 배출했다. 지난 세기 동안 교육과정 개혁에서 선두적인 역할을 한 대학이다.

2) 예일 대학교 (Yale University) ▶ IELTS 점수 : 7.0

미국에서 세 번째로 역사가 깊은 대학으로 1701년에 설립되었다. 예일 대학교 도서관은 600만 권 가량의 장서를 갖추고 있으며, 미국에서 가장 규모가 큰 도서관으로 꼽힌다. 또한 미국 대학 최초로 꼽히는 방대한 미술관도 갖추고 있다. 예일 대학교는 학자금 보조에서도 가장 우수한 학교 중 하나이다.

3) 브라운 대학교 (Brown University) ▶ IELTS 점수 : 6.5

1764년 미국 로드아일랜드 주에 설립된 사립 대학교이다. 미 동부지역에서 세 번째로 오래된 고등교육기관이며, 오랜 역사와 함께 진보적이고 자유로운 분위기가 이 학교의 학풍이다. 브라운 대학의 특징 중 하나는 학생들의 자율성을 최대한 허용한다는 점이다. 학생들은 교수의 지도를 받으면서 독자적인 연구나 실습 프로그램에 참여할 수 있으며, 학생 대 교수의 비율이 8 : 1이어서 신입생들도 노벨상 수상자나 명망 있는 철학자, 시인, 소설가 등의 교수들과도 쉽게 만나 이야기할 수 있다.

4) 컬럼비아 대학교 (Columbia University) ▶ IELTS 점수 : 7.0

뉴욕 시 맨해튼에 있는 사립 대학이며 미국에서 여섯 번째로 오래된 고등교육기관이다. 컬럼비아 대학은 인종 구성이 다양하며, 세계의 중심 도시인 뉴욕의 맨해튼에 있어 광범위한 국제 정치·경제 정보를 가깝게 접할 수 있다. 국제 정치의 핵심인 유엔본부와 세계 금융의 중심지인 월가가 인근에 있으며, 세계에서 가장 영향력 있는 언론사들과 미술 음악 문화센터 등이 대학 주변을 둘러싸고 있다.

5) 코넬 대학교 (Cornell University) ▶ IELTS 점수 : 7.0

미국 뉴욕 주 이타카에 있는 사립 대학이다. 학생 수가 많은 종합 대학 중 하나로 미국에서 가장 많은 의사를 배출하는 대학이다. 교수 1인 당 학생 수가 7.6명에 불과하며, 무려 900여 개의 교내 동아리가 활동하고 있다. 공적으로 지원되는 대학은 산업 및 노동관계 대학과 농업 및 생명과학 대학 등이다. 코넬 대학교 의과대학은 의학 교육 및 연구소 단지의 일부로 속해 있으며 뉴욕 시에 있는 뉴욕 병원도 여기에 소속되어 있다. 뉴욕 시에는 간호대학도 부설되어 있다. 코넬은 미국 내에서 유학생에게 가장 많은 장학금을 주는 대학 중 하나로 꼽힌다.

6) 다트머스 대학교 (Dartmouth College) ▶ IELTS 점수 : 7.0

다트머스 대학교는 미국 뉴햄프셔 주 해노버에 위치한 사립대학으로 동부 최상위권 명문 대학들 중 하나이다. 교양학과로만 구성된 다트머스 대학은 미국에서 가장 혁신적인 소규모 교양대학으로 평가받고 있다. 특히 주력하는 학과로는 영어·화학·지질학·역사·수학·언어학과 등이 있다. 주로 소학급 운영과 많은 세미나, 교사와 학생간의 긴밀한 접촉을 통해 학부 재학생들의 교육에 주력하지만 의학과 공학, 실무훈련 등 직업교육의 질도 우수한 것으로 평판이 나 있다.

7) 펜실베니아 대학교 (University of Pennsylvania) ▶ IELTS 점수 : 7.0

흔히 유펜(UPenn)으로도 불리며 미국 펜실베이니아 주 필라델피아에 있는 연구 중심의 종합 사립 대학이다. 1740년 설립된 이 학교는 미국에서 네 번째로 오래된 고등교육기관이며 아이비리그에 속하는 최상위권 명문 대학이다. 와튼 비즈니스 스쿨은 미국에서 제일 오래되고 우수한 비즈니스 스쿨로 인정되고 있다. 펜실베이니아 대학은 여러 종류의 이중 학위 과정을 제공하고 있으며 공학을 전공하는 학생 수도 많다.

8) 프린스턴 대학교 (Princeton University) ▶ IELTS 점수 : 6.5

1746년에 뉴저지 대학으로 설립된 이 대학은 오늘날 미국 일류 대학의 하나로서 최고의 평판을 얻고 있다. 두 명의 대통령 (제임스 매디슨과 우드로 윌슨)을 배출했고 약 80명의 상원의원이 이 곳에서 학위를 받았다. 특히 뛰어난 학과로는 역사학과, 철학과, 영어학과, 수학과, 물리학과를 들 수 있다. 물리학과에서는 세 명의 노벨상 수상자를 배출했다. 최근 들어 일반적인 순수학문 외에도 환경연구, 도시문제, 창작예술, 학생들이 주도하는 세미나 등의 비중이 커지고 있다.

03 해외취업과 이민

해외취업과 이민을 희망하는 사람들이 늘어나면서 IELTS에 대한 수요도 급증하고 있다. 영국을 포함한 전 유럽국가, 호주, 캐나다, 뉴질랜드, 남아공, 인도에서의 취업과 이민을 위해서는 일반적으로 General Training Module 6.0이 필요하다(점수는 직종 및 연령에 따라 다르기 때문에 이민사무국에 직접 확인해야 한다.) 특히 최근 호주에 대한 선호도가 증가하면서 호주에서 간호사로 취업과 이민을 희망하는 사람들의 수요가 증가하고 있다. 호주에서 간호사로 취업하기 위해서는 호주에 있는 간호대학을 졸업해야 하는데, 간호대학 입학 조건은 Academic Module overall 6.5와 each band 6.5로 두 조건을 모두 만족시켜야 한다. 간호대학 졸업 후 간호사로 일할 수 있는 자격증을 따기 위해선 Academic과 General Training module에 상관없이 each band 7.0을 획득해야 한다.

미국 취업에도 IELTS가 인정되는데 의사, 간호사, 수의사로 일하기 위해선 Academic Module에 응시해야 하며 간호사의 경우는 overall band 6.5에 speaking band 7.0을 달성해야 한다.

4 IELTS란?
반드시 지켜야 할 '불법' 3가지

01 Study with a Teacher!

절대로 혼자 준비하지 말 것!

IELTS 시험에 대해 잘 알고 있고, 이미 뛰어난 영어 실력을 가진 대학 졸업 이상의 학생들이라면 예외일 수 있다. 하지만 필자의 학생들 중에는 이미 해외에서 10년 간 공부한 학생들도 있고 대학에서 영어를 전공한 학생들도 있으며 심지어는 영어 학원 선생님들까지 있다.

2006년부터 IELTS 강의를 시작하면서 벌써 수만 명이 넘는 학생들과 현장 강의, 인터넷 강의 그리고 강연 등을 통해서 만나고 있다. 일반 어학시험 응시자는 주로 10대, 20대 학생들과 사회 초년생이 대부분인 반면, IELTS 응시자들은 학생들과 직장인은 물론 운동선수, 의사, 대학 교수, 자영업자 그리고 가정주부까지 그 직업군이 다양할 뿐만 아니라 응시 연령도 고등학생에서부터 50대 중반까지 폭넓다. 또한 일반 어학시험은 대개 국내에서 외국어를 공부한 소위 '국내파'가 주를 이루고 있지만, IELTS 응시자 중에는 이미 해외 체류 및 유학 경험이 풍부한 사람들 그리고 현재 해외에서 대학 또는 대학원을 다니고 있는 사람들도 적지 않다. 필자의 학생들 중 약 20~30% 정도가 이 경우에 해당되고 이러한 학생들은 주로 방학 때 한국에 와서 한국인 강사에게 IELTS를 배운다.

그렇다면 왜? 이미 외국에서 학교를 다니고 있거나 졸업한, 영어를 상당한 수준으로 구사하는 사람들도 한국에 돌아와서 한국인 강사가 있는 IELTS 학원을 찾는 것일까? IELTS는 단순히 영어 의사소통 능력을 평가하는 시험이 아니라 높은 수준의 '언어' 실력, 즉 영어권 국가에서 학습하고 일하는데 필요한 논리력과 배경지식을 통합적으로 평가하기 때문이다.

유엔개발계획(UNDP, United Nations Development Program)에서 매년 발표하는 인간개발지수(HDI, Human Development Indicators)의 2003년도 자료에 따르면 한국의 성인 비문맹률(Adult literacy rate)은 97.9%이다. 이는 문맹률이 2.1%에 불과하다는 뜻으로 한국인들이 대부분 문자를 읽고 쓸 줄 안다는 것이다. 하지만 우리 모두가 'Korean native speaker' 임에도 불구하고 '국어 영역' 시험에서 높은 성적을 기대할 수는 없지 않은가? 같은 맥락으로 조기 영어 교육 덕에 아무리 영어 회화를 유창하게 구사하는 학생이라 하더라도 고난이도의 듣기, 읽기, 쓰기, 말하기 등 모든 분야의 언어 실력을 요구하는 IELTS 시험에서 무작정 높은 점수를 기대하기는 어렵다.

특히 어린 시절 해외에서 공부한 스무 살 안팎의 학생들 중에는 한국어 실력이 부족하거나 기본적인 상식을 갖추지 못한 학생들이 적지 않다. 예를 들면 '유학생활의 단점 중 하나는 "향수병" 이다.' 라는 아이디어를 제시하면 이러한 학생들은 homesickness라는 단어 대신에 perfume bottle이라는 단어를 떠올린다. 또한 'Canada는 어느 대륙에 있는가?' 라는 질문에 'Asia요' 라고 대답하는 학생들도 있다.

못 믿겠지만 필자가 직접 경험한 실화다!!!

그렇기 때문에 영어권 국가에서 학교 교육을 받은 학생이라 해도 상당수는 IELTS 시험을 선생님과 함께 착실히 준비해야 한다. 그것도 다른 영어 시험 전문가가 아닌 IELTS 전문 강사와 함께. 선생님과 함께 IELTS 시험을 준비하는 방법으로는 인터넷 강좌, 개인과외 및 그룹과외, 학원 등록 등이 있다. 이 가운데 무엇을 선택하느냐는 학생들의 영어 수준과 시간, 비용 등에 따라 달라질 것이다. 모든 준비 방법에는 저마다 장단점이 있지만 여기서 반드시 따져보고 선택해야 하는 사항이 있는데, 그것은 바로 '누구에게 배우냐' 는 것이다.

Tip

IELTS 전문강사	
	1. 영연방 국가(영국, 호주 등)에서 대학 이상의 교육 이수
	2. IELTS 강의 경력 3년 이상
	3. IELTS 전 과목 강의 경험
	4. Speaking과 Writing 교정 및 첨삭이 가능하고, 가능한 한 많은 feedback 제공
	5. 성실하고 열정이 넘치는 강사

이 모든 요건을 갖춘 강사를 찾기란 쉽지 않을 수도 있지만, 반드시 4번과 5번의 자격 요건은 갖추어야 한다. IELTS를 혼자 준비해서는 안 되는 이유는 학생 스스로 본인의 Speaking, Writing에 대해 피드백을 줄 수 없기 때문이고, 잘못된 방식으로 공부한다면 시간과 돈만 낭비하고 성적은 오르지 않을 수 있기 때문이다.

Case 1

국내 'in Seoul' 대학에서 영어 영문학을 전공한 후, 호주 'in Sydney' 대학원에 재학중인 A씨가 학원을 찾은 건 졸업 후 영주권 취득이 목적이었다. 그가 취득해야 하는 점수는 each band 7. 이미 상당한 수준의 영어를 구사하고 있지만, Speaking과 Writing 점수가 6점 대를 벗어나지 못하고 있었다. 학원 수강 2개월 후 원하는 점수를 얻어 현재 영주권 취득 절차를 준비하고 있다.

Case 2

국내 SKY 대학 졸업, 캐나다에서 TESOL 공부와 거주 총 3년, 중고등학교 영어 강사 5년 차, 수준 높은 영어 실력을 가지고 있었던 B씨. 호주에서 간호사로 일하기 위해 간호대학에 입학하고자 IELTS를 혼자 준비하려고 했으나 Listening은 영국 발음이 대부분을 차지해서 익숙하지 않고 Reading은 지문이 너무 길고 Writing과 Speaking은 어떻게 쓰고 말해야 하는지를 스스로 알 수 없어서 학원에 등록. 3개월 수강 후 overall band 7.5와 each band 7을 획득하고 현재 호주에 있는 간호 대학 졸업 후 현직 간호사로 근무하고 있고 영주권도 취득했다.

Case 3

A양과 B양은 스무 살 동갑내기. A양은 캐나다에서 3년간 고등학교를 다녔기에 발음이 원어민에 가까웠고 회화 실력도 상당했다. B양은 강원도에서 고등학교까지 마친 사투리가 묻어나는 외국인과 한 번도 대화를 나눈 적이 없었던 너무나 순수한 순도 100% 국내파. 필자와 함께 IELTS 공부 후 Speaking에서 해외파 A양은 5.5, 국내파 노력쟁이 B양은 6.5를 받았다.

02 Read a Newspaper!

매일 신문 읽기와 뉴스 시청에 최소한 30분 이상 시간을 할애할 것!

나이가 어린 학생일수록 상식과 사회 문제에 대한 관심이 상당히 부족하기 때문에 나이가 어리면 IELTS 시험에는 불리하다. IELTS는 영어가 아닌 한국어로 해도 문제 자체에 대한 의견이 없으면 제대로 답변할 수 없는 문제들이 많기 때문이다. 이러한 배경지식 없이는 IELTS에서 높은 점수를 받기 어렵다. 따라서 IELTS 공부를 시작했다면 하루 최소한 30분씩은 미디어를 통해 상식을 넓히고 사회 문제에 관심을 가져야 한다. 또한 특정한 사회 문제에 대한 전문가들의 생각을 알 수 있는 토론이나 논평 등을 챙겨보고 내 의견과 비교해 봐야 한다.

IELTS는 전 세계 사람들이 치르는 시험이기 때문에 다소 민감하게 받아 들일 수 있는 종교와 정치에 대한 내용은 포함시키지 않는다. 따라서 사회, 환경, 문화, 경제 등과 관련된 내용에 중점을 두자.

영어 수준에 따라 다음과 같은 언론 매체를 추천한다.

> **Tip**
>
> | 초급 | IELTS 3.5 ~ 4.0 수준
중학교 교과서 해석하기에도 사전이 필요하다. | 한국어 신문 및 국내 뉴스 |
> |---|---|---|
> | 중급 | IELTS 시험 5.0 수준
해외에서 유학한 경험이 전혀 없다. | 국내에서 발행한 영자 신문 및 국내 영어 방송 |
> | 고급 | IELTS 시험 6.0 수준
영어권 국가에서 최소 2 ~ 3년 유학한 경험이 있다. | 외국에서 발행한 영자 신문 및 외국 영어 방송 |

물론 완전 초보이거나 중급 수준의 학생들도 CNN이나 BBC를 통해서 영어 실력을 늘릴 수 있다. 하지만 이 경우, 1분 30초짜리 뉴스를 이해하는데 2~3시간이 걸릴 수도 있고 아무리 반복해서 들어도 끝내 내용을 파악할 수 없는 경우가 발생한다. 이처럼 비효율적인 도전을 계속한다면 결국 영어에 흥미를 잃어버릴 가능성이 높아진다.

자, 미디어를 통한 IELTS 학습의 주된 목적은 Speaking과 Writing 문제에 대한 풍부한 아이디어를 얻는 것임을 잊지 말자!

03 Never Stop!

목표 점수달성 시까지, 절대 긴장을 늦추지 말고 꾸준히, 독하게 공부할 것!

오랜 시간 IELTS 강의를 해오면서, 수백 번, 수천 번도 넘게 받은 질문이 있다면, "왜 제 영어 실력은 빠르게 오르지 않을까요? 어떻게 하면 단기간에 IELTS 점수를 올릴 수 있을까요?" 이다. 단기간에 원하는 점수를 따고자 하는 것은 모든 IELTS 응시자들의 소망이다.

요즘은 보통 초등학교 때부터 영어교육을 받는다. 한국에서 고등학교를 졸업한 학생들은 최소 6년에서 많게는 10년 정도 영어 수업을 듣는다. 그리고 이 기간 동안 사설 영어학원 한 번 안 다녀본 학생은 드물 것이다. 하지만 이 중에서 IELTS 6.0 수준의 Speaking과 Writing 실력을 갖춘 사람은 얼마나 될까?

물론 필자의 학생 중에는 2~3달 만에 또는 단 한 번의 시험으로 IELTS 6.0~7.5를 달성한 스무 살 안팎의 순수 국내파 학생들도 적지 않다. 이 학생들의 공통점은 이 100일도 안 되는 짧은 시간 동안 다른 사람의 6개월 치에 해당하는 열정을 압축하여 IELTS에 오롯이 쏟아부었기 때문이다. 그리고 또 한 가지 공통점이 있다면, IELTS에 최적화된 필자의 강의에 빠짐없이 출석하고 불변의 법칙 IELTS 자료를 충실히 탐독했다는 것이다. 강사로서 매년 느끼는 것은 학생들의 출석률 및 과제 제출 빈도와 IELTS 시험 점수가 정비례한다는 것이다.

영어 공부는 다이어트다!

다이어트 초기에는 식이요법과 운동을 통해 금세 살이 빠지기도 한다. 하지만 얼마 되지 않아 정체기가 오고 더 많은 노력을 해도 더 이상 체중의 변화가 없는 시기가 오면 많은 사람들은 다이어트를 포기하게 된다. 이럴 경우 머지않아 체중이 원상복귀되거나 오히려 체중이 더 늘어날 수도 있다. 하지만 힘들더라도 식이요법과 운동에 적절한 변화를 가미하고 지속적인 노력을 기울이면, 본인은 못 느껴도 오랜만에 만난 친구들은 금세 변화를 눈치챌 것이고 어느 순간 원하는 몸매를 갖게 될 것이다.

IELTS 시험 또한 다이어트와 일치한다. 처음에는 의욕이 앞서 열심히 한다. 출석률도 상당히 높다. 과제도 곧잘 해오곤 한다. 또한 뭔가 새로운 방식으로 영어를 공부한다는 사실에 흥미도 느낀다. 이런 시기엔 왠지 실력도 느는 것 같다. 하지만 공부라는 것은 하면 할수록 어려운 것이기 때문에 빠르면 2주, 보통 1~2달이 지나면 슬럼프가 찾아오고 실력이 더 이상 늘지 않는 정체기가 찾아온다. 이런 시기에 다급한 나머지 약간의 요행을 바라면서 시험이라도 치르게 되면, 결과가 나오기까지 2주라는 시간 동안 초조함에 공부를 손에서 놓아버리는 경우가 많다.

또한 시험 결과는 당연히 본인의 기대에 못 미칠 수밖에 없기 때문에 좌절감은 깊어지고, 한두 달 아예 공부를 쉬어버리는 경우도 있다. 이러한 방황의 시기를 보내고 다시 공부를 시작하면 처음 공부를 시작할 때 외웠던 단어들도 가물가물해져서 오히려 실력이 예전만 못하다고 느낄 수도 있다.

얼마 전 작년에 6개월 간 필자에게 수업을 듣던 학생을 우연히 만난 적이 있다. 처음 그 학생을 만났을때, 학생의 실력은 대략 Overall 3.5~4.0 정도의 낮은 수준이었다. 당시 이 학생은 이름과 출신을 물어보는 가장 기본적인 Speaking 질문도 잘 알아듣지 못했고, Writing의 경우에는 문제 해석이 안 돼서 1시간 동안 한두 줄도 작성하지 못하는 상태였다. 하지만 운동선수 출신인 이 친구는 남보다 뛰어난 체력과 의지력을 바탕으로 누구보다 열심히 공부해서 3개월 만에 5.0, 그 후 한 달이 지나 5.5, 그리고 6개월 차엔 6.0을 달성했다. 기초가 전혀 없는 상태였음을 감안하면 실로 대단한 성과다. 하지만 원하는 대학에서 요구한 IELTS 점수는 6.5였다. 높은 점수일수록 0.5점을 올리는 데 상당한 노력과 시간이 소요되기 때문에 필자는 이 학생에게 긴장을 늦추지 말고 지금보다 더 열심히 마지막 힘을 쏟을 것을 당부했다. 하지만 이후 이 학생은 보이지 않았다. 필자는 학생이 아마도 원하는 점수를 따서 유학을 갔을 것이라 생각하고 있었다.

그러나 최근 우연한 만남의 자리에서 들은 바로는 그 후 개인적인 사정으로 한두 달 공부를 못 했고, 이후에 올바른 길잡이가 없이 독학으로 공부를 하다가 흐지부지 시간을 보냈다고 한다. 그리고 다시 1년간 적당히 휴식을 취하면서 적당히 시험을 봤지만 오히려 점수는 더 낮아졌고, 지금은 필자와 함께 공부했던 당시에 받았던 6.0 성적표로 외국 대학의 준비과정(pre-school)부터 다시 시작할 예정이라고 했다.

물론 짧지 않은 인생에서 잠시 돌아가는 것이 반드시 나쁘다고는 할 수 없다. 하지만 젊음, 시간, 돈에 대한 기회비용을 생각한다면 또 부모님께 학비와 생활비를 지원받고 있는 상황이라면 좀 더 독하게 공부해야 하지 않을까?

Chapter 02

Reading Tips!

IELTS Reading 시험의 구성

- 총 40문제, 3개 passage(지문), 한 지문 당 13 ~ 14개의 문제
- 총 소요시간 1시간, Listening과 달리 답을 답안지에 옮겨 적는 추가 10분이 없음
- 주관식 답과 객관식 답을 요구하는 유형이 있음

줄리정불법아이엘츠 Reading 학습법

Reading은 먼저 문제 풀이 요령을 익힌 후, 지문 전체를 해석하지 않고 skimming(훑어 읽기)과 scanning(찾으면서 읽기)으로 빠른 시간 내에 지문에서 정답만 골라내는 연습이 가장 중요하다. 아무리 해석 능력이 뛰어나도 주어진 시간이 문제 개수에 비해 상당히 짧기 때문이다. 그렇다 해도 해석 연습을 게을리해서는 안 된다. 5.0~5.5는 문제풀이 요령만으로도 달성 가능한 점수이지만, 6.0 이상의 점수를 목표로 하는 응시자라면 반드시 독해 실력을 갖추어야 한다. 그러므로 먼저 Reading Tips와 문제 풀이 요령을 익힌 후, 그 방식대로 문제를 풀고 그 후에는 본문을 우리말로 해석하면서 내용 이해 및 단어 학습을 병행해야 한다.

이 책에는 Reading 문제를 풀기 전 반드시 숙지해야 할 Reading Tips와 난이도 순으로 정리된 문제 유형별 전략이 수록되어 있다. 문제 유형별 전략은 문제 원본, 필자의 강의 노하우를 바탕으로 한 문제 풀이 요령, 그리고 Reading 지문에 등장하는 단어 학습 및 본문 해석의 순서로 구성되어 있다. 따라서 학생들은 다음 순서대로 Reading을 효과적으로 학습할 수 있다.

 ## 줄리정불법아이엘츠 Reading 공부 순서

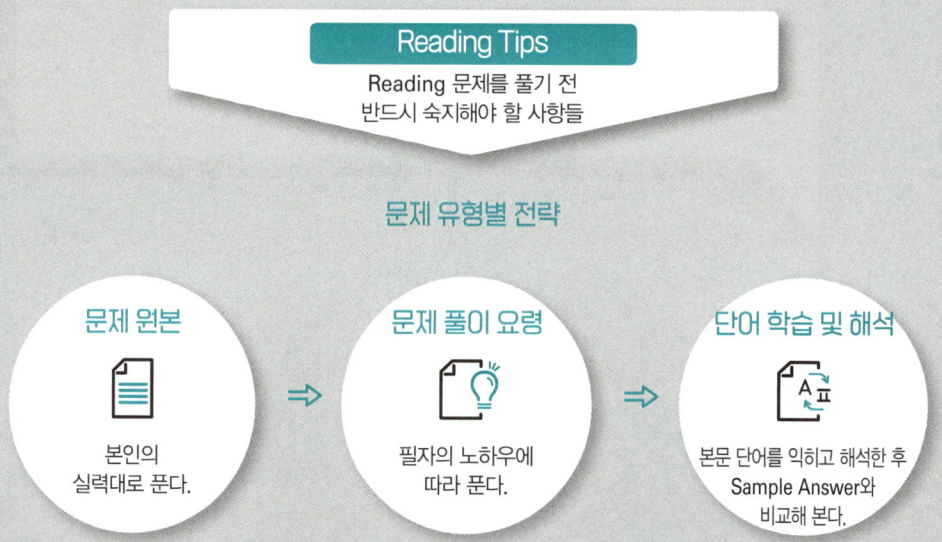

1 Reading 학습법
Reading Tips!

01 Reading에서 나오는 문제 유형 바로 알기

난이도	문제 유형
Very Easy 이 유형의 몇몇 문제는 해석하지 않아도 30초 안에 문제를 풀 수 있는 난이도이다.	**1. Table** 표의 빈칸을 채우는 주관식 문제
	2. Flow Chart 순서도의 빈칸을 채우는 주관식 문제
Doable 기본적인 해석 능력이 있고 문제가 요구하는 키워드를 잘 찾는다면 정답 확률이 높다.	**3. Short Answer** 질문에 간단하게 답하는 주관식 문제, 스펠링이 매우 중요
	4. Information 키워드가 어느 단락에서 나왔는지를 찾는 객관식 문제
Challenging 중급 이상의 해석 능력과 독해 속도, 어휘를 많이 갖춰야 문제를 풀 수 있다.	**5. Summary** 지문의 내용을 요약한 문장의 빈칸을 채우는 주관식 문제
	6. Multiple Choice 문제의 답을 보기에서 고르는 객관식 문제
Difficult 전체적으로 글을 보는 능력, 개별 정보의 해석 능력과 논리력이 필요하고 문제를 푸는 데에 시간이 많이 걸린다.	**7. T / F / NG or Y / N / NG** 문제의 내용이 지문의 내용과 일치하는지 여부를 묻는 객관식 문제
	8. Heading 보기에서 각 단락의 주제문을 찾는 객관식 문제

02 1번 문제부터 푼다는 생각을 버려라

❶ 응시자의 80% 이상은 문제가 어려워서라기 보다는 시간이 없어서 문제를 다 풀지 못하는 경우가 많다. 독해 속도가 고득점의 지름길인 Academic Reading은 총 3개의 지문 중, 가장 쉽고 나에게 친숙한 주제가 담긴 것을 골라서 먼저 푼다.

❷ 먼저 해결할 지문을 골랐지만 어떤 문제를 먼저 풀어야 할지 고민이 될 때, 앞 페이지의 표를 참고하여 쉬운 문제 유형부터 풀면 훨씬 더 좋은 점수를 기대할 수 있다. 시간을 아끼는 것은 덤!

❸ 필자의 경험으로 봤을 때, 모든 지문과 문제의 보기들까지 다 해석을 해야만 답 맞추기에 도전이라도 해볼 수 있는 객관식 유형의 문제들 (Multiple Choice, Headings 등)이 훨씬 난이도가 높았다. 따라서 아직 IELTS 초보를 벗어나지 못했다면, Reading에서만큼은 주관식 문제부터 풀자!

03 TRUE/FALSE/NOT GIVEN vs. YES/NO/NOT GIVEN

❶ True/False/Not Given은 지문의 내용과 일치하는지를 물어보는 것이고, Yes/No/Not Given은 *서술자의 의견에 동의하는지*를 물어보는 '주어'가 다른 문제이다. '비슷한 의미니까 괜찮겠지…'라는 생각은 버려야 한다. 따라서 T와 Y, F와 N를 혼동했다면 오답이다.

❷ 답안지에 답을 옮겨 적을 때는 T / F / NG 혹은 Y / N / NG로 적어도 된다. (필자가 시험장에서 감독관에게 확인한 사항이니 걱정은 넣어둬도 된다!) Reading은 시간 싸움이기 때문에 답안을 작성하는 시간을 위와 같이 줄여서라도 더 많은 문제를 풀어야 한다.

❸ 이 유형의 문제를 만났는데 시간이 많이 부족하거나 아무리 공부해도 정답률이 오르지 않을 때는 'T' 또는 'Y' 로 찍는다. 대체적으로 'T' 또는 'Y'가 정답의 40%~60%를 차지하는 경우가 많다. 단, 비교급(more/less ~ than)이 나오는 경우에는 예외로, 'F' 또는 'N'이나 'NG'로 찍는다. Not Given도 반드시 나오지만 비교적 출제되는 비율이 낮기 때문에 NG로 모든 문제를 찍는 것은 위험하다.

| 04 | 답안이 허용하는 단어 개수 조건을 꼭 확인한다 |

'출제자의 의도를 파악하라', '출제자가 시키는 것을 빠짐없이 완수하라' 등등 우리가 접하는 수많은 시험을 잘 보기 위해 가장 먼저 지켜야 할 것은 '출제자가 무엇을 원하는지'를 기억하는 것이다. IELTS도 마찬가지. 답을 찾기 전, 문제에 다음과 같은 문구가 들어있는지 두세 번 확인해야 한다.

조건	문제 예시	답안 작성 방법
ONE WORD, ONE WORD or A NUMBER	Complete the table below. Choose **ONE WORD** from Reading Passage 1 for each answer.	반드시 *한 개의 단어나 숫자*로 답을 적어야 한다. 두 단어 이상으로 적으면 의미가 비슷해도 오답처리 된다. e.g. pupils ⭕ / many pupils ❌
NO MORE THAN #WORDS	Complete the summary below. Choose **NO MORE THAN TWO WORDS** from Reading Passage 3 for each answer.	주어진 조건의 단어 수를 넘기면 오답처리 된다. e.g. #가 Two일 경우 pupils, many pupils ⭕ pupils in Korea ❌ e.g. #가 Three일 경우 pupils, many pupils, pupils in Korea ⭕ many pupils in Korea ❌
NO MORE THAN #WORDS AND/OR A NUMBER	Complete the table below. Choose **NO MORE THAN THREE WORDS OR A NUMBER** from Reading Passage 1 for each answer.	단어와 숫자를 함께 적어도 된다. e.g. pupils, many pupils, pupils in Korea, 1,000, 1,000 pupils ⭕ many pupils in Korea, 1,000 ~ 2,000 ❌

05 대소문자, 단수, 복수를 구분한다

China를 china로 쓰면 중국이 아니라 도자기라는 단어가 된다. 따라서 주관식 답을 적을 때는 대소문자 구분이 중요하다. 문장의 처음에 들어갈 답과 고유명사(Smith, French, IMF) 등은 반드시 대문자로 적어야 한다. 또한 단수와 복수의 구분이 중요하다. 특히 Summary 유형에서 문제 앞에 관사 'a' 가 있다면 명사를 쓸 때, 반드시 셀 수 있는 단수 명사(house, person, child 등)을 적고 'many, a number of, several, a few, few, a couple of' 등이 있다면 복수 명사(houses, people, children 등)으로 답을 적는다.

> **Tip**
>
> The most essential task for a local council is to produce a .... that narrows the gap between the rich and the poor.

정답은 policy인데 빈 칸 앞에 셀 수 있는 단수 명사와 함께 쓰는 관사 'a'가 있기 때문에 policies 라고 답을 적으면 오답처리 된다.

06 답안지에 답을 옮기면서 문제를 푼다

Reading은 1시간 동안 40문제를 풀고, 답안지에 답까지 모두 옮겨 적어야 하기 때문에 대부분의 수험생들은 시간 부족을 호소한다. 나의 Reading 답안지를 백지로 제출하고 싶지 않다면 *한 개의 passage가 끝날 때마다 답안지에 답을 옮겨 적자!* 그리고 마지막 5분은 해결 못 한 문제를 다시 풀어보거나, 스펠링 실수는 없는지 재차 확인하는 시간으로 활용하자.

2 Reading 학습법
문제 유형별 전략

이번에는 한 개의 Reading 지문에서 출제한 총 24개의 문제를 풀어보며 8가지 문제 유형의 해결방법을 익혀보도록 하자.

❶ 문제 유형의 난이도 순으로 수록되어 있으며, 별 1개(★)가 가장 쉽고 별 3개(★★★)가 가장 어렵다. 유형별로 각 3개의 문제가 실려 있다.

❷ 총 24문제를 20분 내에 풀어보자. 이 20분은 답을 답안지에(답안지가 없으니 연습장이라도!) 옮겨 적는 시간까지 포함한다.

❸ 실제 아이엘츠 시험 대비 80% 정도의 난이도로 출제하였다. 따라서 실제보다 좀 더 짧은 시간 내에 풀어야 본인의 점수를 가늠해 볼 수 있다. 반드시 시간을 엄수할 것!

맞은 개수	예상 점수	현재 수준 및 학습 방법
0~5	3.5	영어 공부를 안 한 지 너무 오래됐다. Reading은 이 책에서 제시한 대로 잘만 찍어도 단기간에 5.5까지는 점수를 받을 수 있다. 시간이 별로 없는 학생들은 찍는 요령을 익히자.
6~10	4.0~4.5	아직도 영어 울렁증을 겪고 있다. '문제 풀이 요령'을 읽어 보면, 너무 쉬운 문제를 어이없이 틀린 것을 발견한다. 두려워하지 말고 이 책에서 제시하는 쉽게 풀 수 있는 요령을 익힌다.
11~15	5.0~5.5	영어 실력은 있으나 너무 옛날 방식으로 일일이 해석해서 푸느라 시간을 낭비하고 있다. Reading은 빨리 풀어야 한다.
16~20	6.0~6.5	아이엘츠 시험에 대해서는 잘 모르나 타 영어 시험은 공부한 적이 있다. 하지만 아이엘츠는 아이엘츠 식으로 풀어야 점수가 빨리 오른다.
21~23	7.0~7.5	상당히 뛰어난 실력을 갖춘 학생이다. 하지만 알면서도 실수를 한다. 실수해서 틀리는 것과 몰라서 틀리는 것은 결과적으로 같다. 좀 더 신중하게 풀자.
24	7.5+	Perfect! 완벽하다. 이 책을 빨리 마치고 캠브리지 아이엘츠 최신호부터 풀자. 풀면서 틀리는 문제의 유형을 확인하고, 이 책에서 제시한 유형별 문제 풀이 요령을 참고하자. 타 과목과는 달리 Reading에서는 만점 받는 학생이 종종 있다. 만점에 도전!

⚠ 채점 후에는 맞은 문제라 하더라도, 실전 문제 뒤에 나오는 '문제풀이요령'을 반드시 참고하자. 더 쉽고 빠르게 그리고 정확하게 풀 수 있는 아이엘츠 강의 10년 노하우가 고스란히 수록되어 있다.

문제 유형별 실전 TEST

READING PASSAGE

Blame it on the written word

A   The English language is infamous for being illogical. Why, for example, is 'argue' not pronounced 'arg', when 'tung' is sufficient to express 'tongue'? If 'enough' is pronounced 'enuff', why do we not say 'buff' when we use the word 'bough'? These seemingly random rules confuse language students whether English is their mother tongue or not. Spare a thought then for those who suffer from dyslexia, a learning disability that can make the challenge of reading and writing all the more frustrating if not near impossible.

B   Scientists have been able to make great strides in understanding the neurological causes of dyslexia over the past 20 years. But until recently, they had still been trying to explain why some countries have higher rates of the disorder than others as well as what the implications of this are. Researchers from Italy, France and Britain proposed an answer last week. Their study, published in Science, claimed that a difference in the complexity of writing systems accounts for the variation in dyslexia rates across the world. The team has been acclaimed for putting forward groundbreaking evidence that this learning disability has a common neurological basis wherever it occurs.

C   The new theory is supported by what we already know about how the brain interprets the written word, according to Dr Bennett Shaywitz, co-director at the Center for the Study of Learning and Attention at Yale University. He says the brain is not naturally geared for reading in the way that it is for speech, so it automatically aims to convert written words into the basic structure of a familiar phonetic language. It is widely believed that the brain's so-called reading centres break words down into phonemes, or sound units, and that these are recognised as elements of a phonetic code. That code is then put together by these centres so that written letters and words can be understood. Most children have already acquired this ability by the age of seven.

D   But dyslexics struggle because their brains often cannot break down written words into phonemes. This does not mean that they lack intelligence. Famous dyslexics who have achieved great success in life include artist Robert Rauschenberg, actor Tom Cruise and Kinko's founder Paul Orfalea among countless others. Historical figures such as poet W.B. Yeats and Renaissance icon Leonardo da Vinci are also suspected to have had the disorder. Even so, dyslexia can still prove to be a lifelong challenge.

E Dyslexics in Italy do much better when it comes to reading than their British and French counterparts, according to a scientific comparison of all three countries. Across the board, brain scans revealed a disconnection between language and visual processing in dyslexics while they were reading. Why then are Italian dyslexics stronger readers? "The difference is not in the languages themselves," insists lead author Eraldo Paulesu from the University of Milan Bicocca. "It's in their writing systems, which vary in complexity for historical reasons."

F The English language has 40 phonemes, or sounds needed for pronunciation, and these can be spelled in 1,120 different ways. Italian's 25 phonemes, on the other hand, only require 33 combinations of letters. Therefore, it is easier to read Italian, which likely explains why Italy's reported dyslexia rate is half of that in the U.S., where as many as 20% of people suffer from the disorder in some way. It is claimed that Americans spend $1 billion per year on supporting children with dyslexia. By contrast, many Italian dyslexics do not recognise their problem without a battery of psychological tests.

G The study's impact goes beyond just shedding light on this discrepancy. By presenting a universal neurological explanation for dyslexia, the researchers have sent a clear message to those teachers who might have previously brushed aside the reality of this learning disability in the classroom. Unfortunately, this is still an all too common occurrence even though more than a century has passed since the first identification of the disorder.

Table

Questions 1-3

Complete the table below.

*Choose **ONE WORD AND OR A NUMBER** from the passage for each answer.*

Write your answers in boxes 1-3 on your answer sheet.

Countries	Phonemes	Dyslexia rate (%)	Yearly cost of supporting children with dyslexia
USA	**1**	20%	**3** $ ....
Italy	25	**2** ....%	—

Flow Chart

Questions 1-3

Complete the flow chart below.

*Choose **NO MORE THAN TWO WORDS OR A NUMBER** from the passage for each answer.*

Write your answers in boxes 1-3 on your answer sheet.

Understanding how the brain reads written words

| Step 1 | Dr Bennett Shaywitz suggested a new hypothesis about how the **1** .... reads. |

⬇

| Step 2 | The brain copes with the written word by converting it into the nuts and bolts of a **2** .... |

⬇

| Step 3 | The reading centres of the brain break words down into sound units and identify them as the parts of a phonetic code. |

⬇

| Step 4 | These centres assemble that code. |

⬇

| Step 5 | The majority of **3** .... year-old children learn how to do this. |

Chapter 02 문제 유형별 실전 TEST

Short Answer

Questions 1-3

Answer the questions below.

Choose **NO MORE THAN THREE WORDS OR A NUMBER** *from the passage for each answer.*

Write your answers in boxes 1-3 on your answer sheet.

1   Over the last two decades, in which area of dyslexia research have experts made remarkable progress?
2   How many countries were included in the study of global dyslexia rates?
3   What is the name of the journal that published the study by international dyslexia specialists?

Summary

Questions 1-3

Complete the summary below.

Choose **NO MORE THAN TWO WORDS** *from the passage for each answer.*

Write your answers in boxes 1-3 on your answer sheet.

Linguists often say that English is notoriously **1** .... Some arbitrary rules that govern English bedevil nonnative **2** .... of the language as much as they torment would-be spelling-bee champs. But such frustrations pale before those endured by dyslexics, who live with a **3** .... that can make reading and writing all but impossible.

Information

Questions 1-3

The Reading Passage has seven paragraphs, A-G.

Which paragraph contains the following information?

Write the correct letter, A-G, in boxes 1-3 on your answer sheet.

NB You may use any letter more than once.

1   examples of illogical English pronunciation rules
2   an account of the benefit of reading Italian compared with English
3   a reason for the difficulties in learning English

문제 유형별 실전 TEST

Multiple Choice

Questions 1-3

Choose the correct letter, A, B, C or D.
Write the correct letter in boxes 1-3 on your answer sheet.

1   Dyslexia is
    A   a foreign language.
    B   a learning disability.
    C   a reading centre.
    D   a Renaissance icon.

2   Which of the following people was mentioned as a successful dyslexic?
    A   Bennett Shaywitz
    B   Paul Orfalea
    C   Eraldo Paulesu
    D   Milan Bicocca

3   Italy is thought to have a lower dyslexia rate than other countries because
    A   Italian is much easier to read than other languages.
    B   people are more intelligent there.
    C   English education is of a lower standard.
    D   less people speak Italian than English.

T/F/NG or Y/N/NG

Questions 1-3

Do the following statements agree with the information given in the Reading Passage?

In boxes 1-3 on your answer sheet, write

    TRUE   *if the statement agrees with the information*
    FALSE   *if the statement contradicts the information*
    NOT GIVEN *if there is no information on this*

1   Until recently, scientists knew very little about the neurological causes of dyslexia.
2   The population of dyslexics in Italy is far less than that in the U.S.
3   Dyslexia has been discovered for more than 100 years.

문제 유형별 실전 TEST

Heading

Questions 1-3

The Reading Passage has seven paragraphs, A-G.

Choose the correct heading for paragraphs B-D from the list of headings below.

Write the correct number, i-vii, in boxes 1-3 on your answer sheet.

List of Headings

i	Illogical English pronunciation rules
ii	The dyslexic brain under observation
iii	The challenge to teachers in classrooms worldwide
iv	Well-known dyslexics who have defied their learning disability
v	New dyslexia theory published in a journal
vi	The benefit of reading Italian compared with English
vii	Understanding how the brain reads written words

Example	Answer
Paragraph A	i

1 Paragraph B
2 Paragraph C
3 Paragraph D

Chapter 02 문제 유형별 풀이 요령

Table (표의 빈칸을 채우는 주관식 문제) ★

1) 문제 원본

Questions 1-3

Complete the table below.

Choose **ONE WORD AND OR A NUMBER** from the passage for each answer.

Write your answers in boxes 1-3 on your answer sheet.

Countries	Phonemes	Dyslexia rate (%)	Yearly cost of supporting children with dyslexia
USA	**1**	20%	**3** $ ....
Italy	25	**2** ....%	—

국가들	음소	난독증 비율 (%)	난독증을 앓고 있는 아이들에게 지원하는 일 년 비용
미국	**1** ....%	20%	**3** $ ....
이탈리아	25	**2** ....%	—

2) 문제 풀이 요령   해석하지 않고 문제의 키워드를 지문에서 찾아 빠르게 푼다.

> F
>
> **Q1** 키워드/정답 *The English language* has **40** phonemes, or sounds needed for pronunciation, and these can be spelled in 1,120 different ways. Italian's 25 phonemes, on the other hand, only require 33 combinations of letters. Therefore, it is easier to read Italian, which likely explains why **Q2** 키워드/정답 *Italy's reported dyslexia rate* is **half** of that in the U.S., where as many as **20%** of people suffer from the disorder in some way. It is claimed that **Q3** 키워드/정답 *Americans spend $ 1 billion per year on supporting children with dyslexia*. By contrast, many Italian dyslexics do not recognise their problem without a battery of psychological tests.

| Chapter 02 | 문제 유형별 풀이 요령 |

Step 1 답의 종류와 품사를 예상한 후 답의 위치 찾기

Table의 내용을 통해 **빈 칸의 정보들이** 모두 '숫자'임을 파악한다. 지문에서 숫자가 가장 많이 나오는 F 단락을 찾은 후, USA와 Italy의 수치인지를 확인한다.

Step 2 정답 확인

Table 유형은 대부분의 경우엔 문제 번호 순으로 지문에서 답을 찾을 수 있다.

Q1 USA와 phonemes를 F 단락에서 찾는다. 첫 번째 줄에 phonemes는 있지만 USA가 없다고 당황하지 말 것! 맨 처음에 나오는 the English language는 미국인이 사용하는 언어이므로 USA를 대신한다. 정답은 **40**

Q2 Italy와 dyslexia rate를 F 단락에서 찾는다. Italy의 난독증 비율은 USA(=US, 20%)의 절반이니까 정답은 **10**

Q3 USA와 yearly cost of supporting children with dyslexia를 F 단락에서 찾는다. 비용(cost)을 물어보는 문제로 돈의 액수가 답이 될 것이다. USA는 Americans, cost는 spend, yearly는 per year로 paraphrase 되었다.
정답은 **1 billion**

Answers Q1 : 40 | Q2 : 10 | Q3 : 1 billion

  주의

❶ 문제에서 지시한 단어 개수의 제한 **ONE WORD AND OR A NUMBER**에 주의한다.
답이 될 수 있는 경우 : 한 단어 / 숫자 한 개 / 한 단어 + 숫자 한 개

❷ phonemes(음소)나 dyslexia(난독증) 등의 단어를 보고 절대로 겁먹지 말 것! Reading에는 아무리 '단어의 왕'이라 하더라도 모르는 단어가 나올 수밖에 없다. 다행인 것은 어려운 단어일수록 지문에서 부가 설명을 해주는 경우가 많고, 설령 이러한 단어를 모른다 하더라도 답을 찾는 데는 별 지장이 없다. 이 지문에서도 dyslexia는 a learning disability로, phonemes는 sound units라고 친절하게 풀어서 설명해주었다. 만약 a learning disability나 sound units의 뜻도 어렵다면? '줄리정불법아이엘츠VOCA'를 달달~ 외운 후 다시 도전하자!

❸ 2번 문제는 빈 칸에 % 기호가 있기 때문에 숫자만 답으로 적는다.

❹ 3번도 마찬가지로, 빈 칸에 $ 기호가 있으므로, 중복해서 $ 혹은 dollars라고 추가로 적지 않는다. 하지만 **액수를 나타내는 billion은 반드시 써야 한다.** 무심코 1만 쓰면 당연히 오답이다.

Flow Chart (순서도의 빈칸을 채우는 주관식 문제) ★

1) 문제 원본

Questions 1-3

Complete the flow chart below.

Choose **NO MORE THAN TWO WORDS OR A NUMBER** from the passage for each answer.

Write your answers in boxes 1-3 on your answer sheet.

Understanding how the brain reads written words

Step 1	Dr Bennett Shaywitz suggested a new hypothesis about how the **1** .... reads.

⬇

Step 2	The brain copes with the written word by converting it into the nuts and bolts of a **2** ....

⬇

Step 3	The reading centres of the brain break words down into sound units and identify them as the parts of a phonetic code.

⬇

Step 4	These centres assemble that code.

⬇

Step 5	The majority of **3** .... year-old children learn how to do this.

Chapter 02 문제 유형별 풀이 요령

뇌가 문자언어를 읽는 방법의 이해

베넷 셰이워츠(Bennett Shaywitz)박사는 1 .... 가 읽는 방법에 대한 새로운 가설을 제시했다.

⬇

뇌는 문자언어를 2 .... 의 기본구조로 변환함으로써 처리한다.

⬇

뇌의 판독센터는 단어들을 소리 단위로 분류하고 그것들을 음운 코드의 구성요소로 파악한다.

⬇

이러한 센터들은 그러한 코드를 조합한다.

⬇

대다수의 3 .... 세 어린이들은 이러한 작동 방법을 습득한다.

2) 문제 풀이 요령 해석하지 않고 문제의 키워드를 지문에서 찾아 빠르게 푼다.

C

[Q1 키워드/정답] **Step 1** The new theory is supported by what we already know about how *the brain* interprets the written word, according to *Dr Bennett Shaywitz*, co-director at the Center for the Study of Learning and Attention at Yale University. He says the brain is not naturally geared for reading in the way that it is for speech, so [Q2 키워드/정답] **Step 2** it automatically aims to *convert written words* into the basic structure of a familiar *phonetic language*. It is widely believed that **Step 3** the brain's so-called reading centres break words down into phonemes, or sound units, and that these are recognised as elements of a phonetic code. **Step 4** That code is then put together by these centres so that written letters and words can be understood. [Q3 키워드/정답] **Step 5** *Most children* have already acquired this ability by the age of *seven*.

> **Step 1** 답의 종류와 품사를 예상한 후 답의 위치 찾기

Flow chart(순서도)의 처음, Step 1의 내용에 **대문자, 숫자,** *기울임꼴*, (괄호) 혹은 '작은 따옴표' 등 눈에 잘 띄는 단어가 있는지를 먼저 확인하고, 화살표 방향대로 내용과 답이 나와 있을 것을 예상한다.

Step 1에 대문자로 적힌 사람 이름, **Dr Bennett Shaywitz**가 어느 단락에 나오는지를 찾는 것이 이 문제를 푸는 첫번째 단계이다. 대문자로 적힌 단어들은 눈에 잘 보이므로 C 단락 첫 문장에서 Dr Bennett Shaywitz를 확인한 후, Step 1부터 Step 5까지 순서대로 나올 것을 예상한다. 보통 Flow chart 문제들은 한 두 단락에 집중되어 출제된다.

빈칸을 채우는 주관식 문제에서는 빈칸의 앞뒤에 있는 단어들이 답을 찾는 데 매우 중요하다. 특히 빈칸 앞에 관사 the나 a/an이 있으면 쉽게 풀 수 있다. 1번과 2번의 품사는 각각 the와 a 다음에 나오기 때문에 명사, 특히 2번은 셀 수 있는 명사의 단수, 3번은 나이를 물어보는 문제이기 때문에 숫자이다.

> **Step 2** 정답 확인

Flow chart 문제 유형은 대부분의 경우엔 문제 번호 순으로 지문에서 답을 찾을 수 있다.

Q1 Step 1의 키워드인 **Dr Bennett Shaywitz**를 첫번째 문장에서 찾은 후, 이 문장에 답이 있을 거라고 예상한다. 1번 문제 앞에 관사 the가 있는 것을 확인, the 다음에 나오는 단어들, new theory / brain / written word 세 개의 단어로 범위를 좁힌다. new theory와 문제의 new hypothesis는 동의어이기 때문에 답에서 제외(theory는 hypothesis보다 일반적이고 타당성이 높지만 아이엘츠에서는 동의어로 봐도 무난하다.) 1번 문제 뒤에 reads라는 단어와 interprets가 비슷한 의미임을 확인, 정답은 **brain**

Q2 Step 2의 **the written word by converting**과 지문의 convert written words가 유사 구문인 것을 확인, 이 문장에 답이 있을 거라고 예상한다. 2번 문제 앞에 관사 a가 있는 것을 확인, a 다음에 나오는 단어가 답이다. 자칫 familiar phonetic language라고 쓸 수 있는데 지시문에 단어가 답일 경우, 두 단어까지만 답으로 적을 수 있는 **NO MORE THAN TWO WORDS**라고 나온 것을 절대 잊어서는 안 된다. familiar phonetic language라고 쓰면 단어 수가 초과되어 오답이 되기 때문에 가장 핵심만 적는다. 정답은 **phonetic language**

Q3 Step 5의 키워드인 **children**을 C 단락 마지막 문장에서 찾은 후, 아이들의 나이를 나타내는 숫자를 찾는다. 문제의 the majority of와 지문의 most가 동의어임을 확인, 정답은 **7/seven**

Answers   Q1 : brain   Q2 : phonetic language   Q3 : 7/seven

Chapter 02 문제 유형별 풀이 요령

⚠ 주의

❶ 문제에서 지시한 단어 개수의 제한 **NO MORE THAN TWO WORDS OR A NUMBER**에 주의한다.
　답이 될 수 있는 경우 : 한 단어 / 두 단어 / 숫자 한 개

❷ 각 Step의 키워드를 확인하고 그 단어가 어디에 있는지 지문에서 빠르게 찾는다.

❸ 해석 능력과는 상관없는 문제로, 내용을 이해하고 단어의 뜻을 파악하는 데 시간을 낭비해서는 안 된다.

❹ 문제 3번의 경우, 스펠링에 자신이 없다면 정답을 seven이라고 쓰지 말고 7이라고 쓴다.
　스펠링이 틀리면 무조건 오답이다.

Short Answer (질문에 간단하게 답하는 주관식 문제) ★★

1) 문제 원본

Questions 1-3

Answer the questions below.
Choose **NO MORE THAN THREE WORDS OR A NUMBER** from the passage for each answer.
Write your answers in boxes 1-3 on your answer sheet.

1 Over the last two decades, in which area of dyslexia research have experts made remarkable progress?
지난 20년에 걸쳐, 전문가들이 높은 성과를 낸 것은 난독증 연구의 어떤 분야인가?

2 How many countries were included in the study of global dyslexia rates?
세계 난독증 비율 연구에 몇 나라가 참여하였는가?

3 What is the name of the journal that published the study by international dyslexia specialists?
국제 난독증 전문가들의 연구를 발표한 학술지의 이름은 무엇인가?

2) 문제 풀이 요령   해석하지 않고 문제의 키워드를 지문에서 찾아 빠르게 푼다.

> **B**
>
> **Q1 키워드/정답** *Scientists* have been able to make great strides in understanding **the neurological causes** of *dyslexia over the past 20 years*. **Q2 키워드/정답** But until recently, they had still been trying to explain why some countries have higher *rates* of the disorder than others as well as what the implications of this are. Researchers from **Italy, France and Britain** proposed an answer last week. **Q3 키워드/정답** *Their study, published in* **Science**, claimed that a difference in the complexity of writing systems accounts for the variation in dyslexia rates across the world. The team has been acclaimed for putting forward groundbreaking evidence that this learning disability has a common neurological basis wherever it occurs.

문제 유형별 풀이 요령

Step 1 답의 종류와 품사를 예상한 후 답의 위치 찾기

Short Answer 문제 유형은 문제를 해석할 수 있는 능력뿐만 아니라, 문제의 키워드(지문에서 답이 어디에 있는지를 빨리 찾기 위해 필요한 가장 중요한 단어)를 뽑아내는 센스도 필요하다. 만약 1번 문제가 해석이 안 된다면 미련 없이 그 다음 문제로 넘어갈 것! 제시된 문제도 1번은 어렵지만 2번은 훨씬 쉽다. IELTS Reading은 순서대로 푸는 것이 아니라 쉬운 문제부터 골라가며 푸는 것임을 잊지 말자!

Short Answer의 답들은 주로 어려운 단어 혹은 대문자로 적힌 고유명사인 경우가 많다. 문제 1번의 답처럼 답일 것 같긴 하지만 그 뜻을 몰라서 답으로 채택하기를 주저할 필요는 없다.

문제 1번의 답은 in which **area**니까 명사, 2번은 **how many** countries이니까 숫자, 3번은 **what is the name** of the journal이니까 명사이되, 이름은 고유명사이므로 첫 글자가 대문자로 적힌 단어를 집중적으로 살핀다.

Step 2 정답 확인

Q1 문제 1번의 가장 중요한 키워드는 **Over the last two decades**(지난 20년 간), 지문에서 20이라는 숫자를 빨리 찾는다. B 단락 첫 번째 문장 맨 뒤에 나오는 over the past 20 years가 같은 표현. 이 문장에서 그 다음 키워드인 **experts**가 있는지를 확인한다. experts는 지문에서 scientists라는 동의어로 제시되었다(리딩에서 '전문가'라는 단어는 scientists, experts, researchers, professors, specialists 등으로 표현된다.)

dyslexia는 이 지문의 주제어이고 지문에 너무 자주 나오기 때문에 답을 찾는 키워드로 보기는 어렵다. 의문사 which 앞에 있는 전치사 'in' 과 지문의 'in'을 확인, understanding the neurological causes 중에서 'area(분야)'를 찾는 문제이자, 단어 수 제한 조건에 따라 세 단어까지만 답으로 적을 수 있기 때문에 정답은 **(the) neurological causes**

Q2 문제 2번은 **how many countries**와 **rates**가 키워드. rates는 지문에서 찾을 수 있지만, 국가의 수를 나타내는 숫자는 나오지 않고 Italy, France and Britain이라고 총 3개국 이름이 제시되었다. 정답은 **3/three**

Q3 문제 3번은 **the name of the journal**과 **published**가 키워드. 저널의 이름이기 때문에 대문자로 된 단어를 찾는다. 친절하게도 Their study, published in Science(그들의 연구, '과학'에 실린)이라고 키워드 published 다음에 정답이 나왔다. 자칫 전치사 in까지 포함해서 in Science라고 답을 쓰는 학생들이 있는데, 특별한 경우(e.g. about 100, 지문에 정확한 수치가 아니라 약 100개라고 나올 경우에는 about이라는 전치사를 지문에 나온 대로 쓴다.)를 제외하곤 전치사를 쓰지 않는다. 정답은 **Science**

Answers Q1 : (the) neurological causes   Q2 : 3/three   Q3 : Science

⚠ 주의

❶ 문제에서 지시한 단어 개수의 제한 **NO MORE THAN THREE WORDS OR A NUMBER**에 주의한다.
　답이 될 수 있는 경우 : 한 단어 / 두 단어 / 세 단어 / 숫자 한 개

❷ 대소문자를 주의한다.
　문제 1번의 답은 소문자로 적고 관사 the는 써도 되고 안 써도 된다. 특별한 경우(e.g. the+형용사=복수명사)가 아니면 주관식 답에 관사(the/a)는 쓰지 않는다. 2번은 스펠링에 자신이 없다면 정답을 three라고 쓰지 말고 3이라고 쓴다. 스펠링이 틀리면 무조건 오답이다. 3번은 저널 이름, 고유명사이기 때문에 반드시 **S를 대문자로** 적어야 한다. 소문자로 적으면 과학이라는 일반 명사가 되므로 오답 처리된다.

❸ 단/복수를 주의한다.
　캠브리지 시리즈를 분석해보면, 99%는 지문에 나와있는 형태 그대로 답이 나온다. 다시 말해 지문에 단수로 나왔으면 단수, 복수로 나왔으면 복수로 적는다. 따라서 1번은 (the) neurological causes, **지문에 나온 대로** 복수로 적는다.

❹ 시간, 기간, 단위 등 숫자가 들어간 내용을 써야할 때 아라비아 숫자 대신에 쓸 수 있는 단어를 알아두면 Writing에서 **paraphrasing**을 할 때 매우 유용하다. 기간을 나타내는 표현들을 정리해보았다.

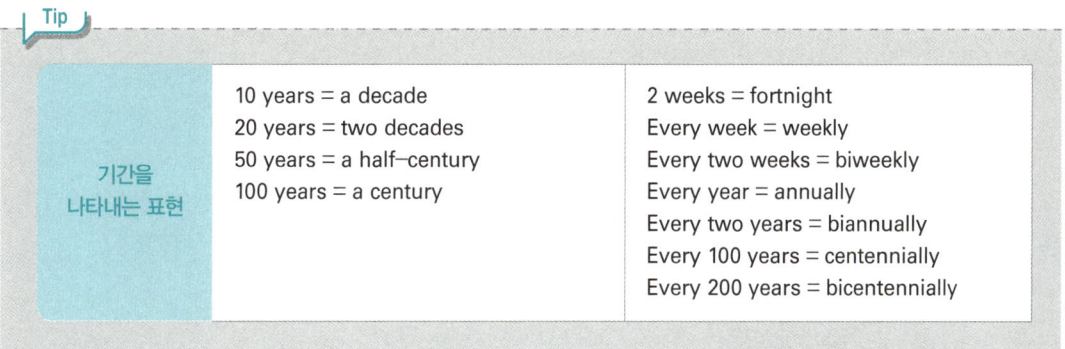

기간을 나타내는 표현	10 years = a decade 20 years = two decades 50 years = a half-century 100 years = a century	2 weeks = fortnight Every week = weekly Every two weeks = biweekly Every year = annually Every two years = biannually Every 100 years = centennially Every 200 years = bicentennially

문제 유형별 풀이 요령

Summary (지문의 내용을 요약한 문장의 빈칸을 채우는 주관식 문제) ★★

1) 문제 원본

Questions 1-3

Complete the summary below.
Choose **NO MORE THAN TWO WORDS** *from the passage for each answer.*
Write your answers in boxes 1-3 on your answer sheet.

Linguists often say that English is notoriously **1** .... Some arbitrary rules that govern English bedevil nonnative **2** .... of the language as much as they torment would-be spelling-bee champs. But such frustrations pale before those endured by dyslexics, who live with a **3** .... that can make reading and writing all but impossible.

언어학자들은 종종 영어가 **1** .... 이기로 악명이 높다고 말한다. 영어를 지배하는 어떤 자의적 규칙들은 그 언어(영어)가 모국어가 아닌 **2** .... 에게 철자 경쟁 게임에서 우승 후보자들을 괴롭히는 것만큼 혼란을 준다. 그러나 그런 좌절감은 읽기와 쓰기를 거의 불가능하게 만드는 **3** .... 를 가지고 사는 난독증 환자들이 그것들을 감수해 낸다는 것 자체를 무색하게 한다.

2) 문제 풀이 요령

동의어를 찾아낼 수 있는 능력이 필요하고, 문제와 지문에서 같거나 유사한 단어를 찾아서 빠르게 문제를 푼다.

A

Q1 키워드/정답 The ***English*** language is ***infamous*** for being ***illogical***. Why, for example, is 'argue' not pronounced 'arg', when 'tung' is sufficient to express 'tongue'? If 'enough' is pronounced 'enuff', why do we not say 'buff' when we use the word 'bough'? **Q2** 키워드/정답 These seemingly random ***rules*** confuse language ***students*** whether English is their ***mother tongue or not***. Spare a thought then for those who suffer from dyslexia, **Q3** 키워드/정답 a ***learning disability*** that can make the challenge of ***reading and writing*** all the more frustrating if not near impossible.

Step 1 답의 종류와 품사를 예상한 후 답의 위치 찾기

Summary는 지문을 요약한 문제를 보고, 빈칸의 정답을 지문에서 찾아 적는 주관식 문제이다. 같은 내용을 다른 말로 바꾸어 표현하는, 즉, paraphrasing이 되어 요약문이 작성되었으므로 평소 동의어를 잘 알고 있어야 쉽게 풀 수 있다.

1번 빈 칸에 들어갈 답의 품사는 is라는 be동사가 있고 notoriously라는 부사가 꾸며주기 때문에 **형용사**, 2번은 형용사 nonnative 다음에 나오기 때문에 명사인데 nonnative라는 뜻이 '모국어 사용자가 아닌' 이고 뒤에 they라는 단어가 나오기 때문에 **사람을 나타내는 복수 명사**. 정답의 품사가 명사일 경우에는 셀 수 있는 명사(CN)인지, 셀 수 없는 명사(UCN)인지를 따진 후, 셀 수 있는 명사일 경우 단수인지 복수인지를 파악해야 한다. 앞에 부정관사(a/an)이 있다면 무조건 정답은 단수 명사이다. 3번은 a 다음에 나오기 때문에 셀 수 있는 **명사의 단수**이다.

이 문제의 가장 중요한 키워드인 English가 나오는 A 단락을 찾아서 A 단락의 내용과 문제가 유사한 내용인지를 확인한다. 보통 summary 문제들은 한 두 단락에 집중되어 출제되고, 문제 순서대로 지문에서 답을 찾으면 된다.

※ CN = Countable Noun   UCN = Uncountable Noun

Step 2 정답 확인

Q1 키워드 English가 나온 문장을 A 단락에서 찾은 후, 1번 문제 앞에 있는 **notoriously**(악명 높게)와 유사한 뜻의 **infamous**(악명 높은)를 지문에서 확인. 이 문장에서 형용사를 찾는다. 정답은 **illogical**

Q2 키워드 rules가 나온 문장을 지문에서 찾은 후, 2번 문제 앞에 있는 **nonnative**와 유사한 뜻 **mother tongue or not**을 지문에서 확인. 이 문장에서 사람을 나타내는 복수 명사를 고른다. 정답은 **students**

Q3 3번 문제 앞에 있는 관사 a를 확인, 지문에서 2번 문제와 연관된 문장 다음부터 a 다음에 나오는 명사들, thought와 learning disability 두 개의 단어로 범위를 좁힌다. 3번 문제 다음에 나오는 **reading and writing**을 확인, 읽고 쓰는 것과 관련된 단어를 선택한다. 정답은 **learning disability**

Answers Q1 : illogical   Q2 : students   Q3 : learning disability

Chapter 02 문제 유형별 풀이 요령

⚠ 주의

❶ 문제에서 지시한 단어 개수의 제한 **NO MORE THAN TWO WORDS**에 주의한다.
  답이 될 수 있는 경우 : 한 단어 / 두 단어

❷ 각 문제의 키워드를 확인, 그 단어가 어디 있는지 지문에서 빠르게 찾는다. 키워드는 그 문장에서 중심이 되는 단어로 우리가 문제의 답이 지문의 어느 위치에 나오는지를 빠르게 파악할 수 있게 해 주는 단어이다. 사람 이름 등과 같이 첫 글자가 대문자로 시작하는 고유명사나, 숫자 혹은 지문에서 자주 언급되지 않는 단어들을 키워드로 삼는 것이 좋다.

❸ Summary 문제 유형을 잘 풀기 위해서는 평소 **동의어**를 잘 숙지해야 한다.

❹ 문제 2번의 경우, student라고 단수로 쓰면 문법에 맞지 않기 때문에 오답 처리된다.

Information (키워드가 어느 단락에서 나왔는지를 찾는 객관식 문제) ★★

1) 문제 원본

Questions 1-3

The Reading Passage has seven paragraphs, A-G.

Which paragraph contains the following information?

Write the correct letter, A-G, in boxes 1-3 on your answer sheet.

NB You may use any letter more than once.

1   examples of illogical English pronunciation rules
     비논리적인 영어 발음규칙의 예시들

2   an account of the benefit of reading Italian compared with English
     영어와 비교되는 이탈리아어 읽기의 장점 설명

3   a reason for the difficulties in learning English
     영어 배우기가 어려운 이유

2) 문제 풀이 요령 문제를 정확하게 해석한 후, 문제의 키워드가 언급된 단락을 찾는다.

A

Q1 키워드 **The English language is infamous for being illogical**. Why, for example, is 'argue' not pronounced 'arg', when 'tung' is sufficient to express 'tongue'? If 'enough' is pronounced 'enuff', why do we not say 'buff' when we use the word 'bough'? **Q3** 키워드 These seemingly random rules **confuse** language students whether **English** is their mother tongue or not. Spare a thought then for those who suffer from dyslexia, a learning disability that can make the challenge of reading and writing all the more frustrating if not near impossible.

문제 유형별 풀이 요령

> **F**
> The English language has 40 phonemes, or sounds needed for pronunciation, and these can be spelled in 1,120 different ways. Italian's 25 phonemes, on the other hand, only require 33 combinations of letters. Q2 키워드 Therefore, it is easier to read **_Italian_**, which likely explains why Italy's reported dyslexia rate is half of that in **_the U.S._**, where as many as 20% of people suffer from the disorder in some way. It is claimed that Americans spend $1 billion per year on supporting children with dyslexia. By contrast, many Italian dyslexics do not recognise their problem without a battery of psychological tests.

Step 1 ▶ 문제 해석 및 키워드 찾기

Information은 주어진 문제를 정확하게 해석하고 키워드를 뽑은 후, 이 키워드가 어느 단락에서 언급되었는지를 찾는 문제 유형이다. 지문을 정독하거나 모든 문장을 해석하려고 하지 말고, 키워드와 똑같은 혹은 비슷한 단어만 지문에서 빠르게 찾는다.

Step 2 ▶ 정답 확인

Q1 문제 1번의 키워드는 illogical English pronunciation rules, A 단락에 이 단어들이 나오고, 또한 examples, 여러 가지 예들이 나열되어 있다. 정답은 **A**

Q2 문제 2번의 키워드는 reading, Italian, English, F 단락에 이 단어들이 나오고, it is easier to read라고 benefit을 설명(account)해 주고 있다. 정답은 **F**

Q3 문제 3번의 키워드는 English와 difficulties, A 단락에 English가 나오고, difficulties 대신에 confuse, 그리고 learning의 주체인 students가 나온다. 정답은 **A**

    Answers   Q1 : A   Q2 : F   Q3 : A

 주의

❶ 지시문 **NB You may use any letter more than once**를 확인한다. 이러한 지시문이 나오면 **무조건 똑같은 답이 나온다**. 따라서 문제 1번과 3번의 답이 똑같이 A라고 하더라도 전혀 놀랄 필요 없다. 오히려 중복되는 답이 없다면 최소 한 개의 답은 오답이다. 하지만 똑같은 답이 세 번 나오거나 A도 두 번, B도 두 번 나오는 경우는 없다.

Multiple Choice (문제의 답을 보기에서 고르는 객관식 문제) ★★

1) 문제 원본

Questions 1-3

Choose the correct letter, A, B, C or D.
Write the correct letter in boxes 1-3 on your answer sheet.

1   Dyslexia is   난독증은 .... 이다.

     A   a foreign language.   외국언어

     B   a learning disability.   학습장애

     C   a reading centre.   판독센터

     D   a Renaissance icon.   르네상스 시대의 아이콘

2   Which of the following people was mentioned as a successful dyslexic?
     다음 사람들 중 성공적인 난독증 환자로 언급된 보기가 무엇인가?

     A   Bennett Shaywitz   베넷 세이워츠

     B   Paul Orfalea   폴 오팔라

     C   Eraldo Paulesu   에랄도 폴레서

     D   Milan Bicocca   밀라노의 비코카

3   Italy is thought to have a lower dyslexia rate than other countries because
     이탈리아는 다른 국가에 비해 난독증 환자 비율이 낮다고 알려져 있는데 이유가 ....

     A   Italian is much easier to read than other languages.
         이탈리아어는 다른 언어보다 훨씬 더 읽기 쉽기 때문이다.

     B   people are more intelligent there.
         그곳의 사람들은 더 지적이기 때문이다.

     C   English education is of a lower standard.
         영어 교육이 낮은 수준에 있기 때문이다.

     D   less people speak Italian than English.
         영어보다 이탈리아어를 말하는 사람들이 더 적기 때문이다.

Chapter 02 문제 유형별 풀이 요령

2) 문제 풀이 요령
문제와 보기를 해석할 수 있는 능력이 필요하고, 문제의 키워드를 지문에서 찾아 빠르게 문제를 푼다.

A

The English language is infamous for being illogical. Why, for example, is 'argue' not pronounced 'arg', when 'tung' is sufficient to express 'tongue'? If 'enough' is pronounced 'enuff', why do we not say 'buff' when we use the word 'bough'? These seemingly random rules confuse language students whether English is their mother tongue or not. Spare a thought then for those who suffer from **Q1 키워드/정답 dyslexia**, **a learning disability** that can make the challenge of reading and writing all the more frustrating if not near impossible.

D

But dyslexics struggle because their brains often cannot break down written words into phonemes. This does not mean that they lack intelligence. **Q2 키워드/정답 Famous dyslexics** who have achieved great **success** in life include artist Robert Rauschenberg, actor Tom Cruise and Kinko's founder **Paul Orfalea** among countless others. Historical figures such as poet W.B. Yeats and Renaissance icon Leonardo da Vinci are also suspected to have had the disorder. Even so, dyslexia can still prove to be a lifelong challenge.

E

Q3 키워드 Dyslexics in **Italy** do much better when it comes to reading than **their British** and **French counterparts**, according to a scientific comparison of all three countries. Across the board, brain scans revealed a disconnection between language and visual processing in dyslexics while they were reading. Why then are Italian dyslexics stronger readers? "The difference is not in the languages themselves," insists lead author Eraldo Paulesu from the University of Milan Bicocca. "It's in their writing systems, which vary in complexity for historical reasons."

F

The English language has 40 phonemes, or sounds needed for pronunciation, and these can be spelled in 1,120 different ways. Italian's 25 phonemes, on the other hand, only require 33 combinations of letters. Therefore, **Q3 키워드/정답 it is easier to read Italian**, which likely explains **why Italy's reported dyslexia rate is half of that in the U.S.**, where as many as 20% of people suffer from the disorder in some way. It is claimed that Americans spend $1 billion per year on supporting children with dyslexia. By contrast, many Italian dyslexics do not recognise their problem without a battery of psychological tests.

Step 1 문제와 보기 해석 및 키워드 찾기

Multiple Choice 유형은 우리에게 가장 익숙하지만 해석이 안 된다면 어려울 수 있다. 따라서 문제와 보기를 해석할 수 있는 능력과 문제의 키워드를 뽑아내는 센스도 필요하다. 대문자로 적힌 고유 명사가 많이 나오는 문제가 있다면 쉬운 문제일 가능성이 높다.

Multiple Choice는 한 단락에서 모든 문제가 출제되기 보다는 전 지문에 걸쳐 폭넓게 출제되는 경우가 많다. 자주는 아니지만 다음과 같이 단락을 지정해 주는 경우도 있다.

- **In paragraph B**, the writer thinks that some parks → B 단락에서 답을 찾는다.
- **The passage ends** by mentioning that our view of English is biased because → 맨 마지막 F 단락에서 답을 찾는다.

이렇게 단락을 지정한 문제가 있다면 순서에 상관없이 이 문제부터 푼다.

Step 2 정답 확인

Q1 문제 1번은 dyslexia(난독증)의 뜻을 물어보는 문제이다. 어려운 전문용어는 지문에서 더 쉬운 말로 설명해준다. 그리고 이 지문의 핵심 단어인 dyslexia는 총 7번 반복되는데, 자주 나오는 단어에 대한 정의는 보통 맨 앞 단락, A 단락에 나온다. A 단락에서 dyslexia가 처음 등장하는데 이 문제에서는 **dyslexia 바로 다음에 나오는 콤마(,)가 동격을 나타낸다**는 것이 가장 중요하다 dyslexia = a learning disability. 정답은 B

Q2 문제 2번은 successful dyslexic(성공적인 난독증 환자)가 키워드. dyslexic이라는 단어를 몰랐다 하더라도 dyslexia가 난독증이고 보기 A~D에 사람 이름이 제시된 것을 바탕으로 난독증 환자라는 뜻을 유추할 수 있다. 보기에 제시된 사람 이름들은 대문자라서 지문에서 쉽게 찾을 수 있다. D 단락의 famous dyslexics와 문제의 successful dyslexic가 같은 의미임을 파악. 그 문장에 등장하는 Kinko's*의 창립자, Paul Orfalea를 보기에서 고른다. 정답은 B

*Kinko's(킨코스)란 칼라, 흑백 디지털 출력 전문업체 회사명이다.

Q3 문제 3번은 Italy와 rate가 키워드. E 단락에는 Italy 대해서는 나오지만 rate에 대한 언급이 없다. 따라서 F 단락으로 넘어가서 rate를 찾은 후, 그 문장을 꼼꼼히 살펴보면 it is easier to read Italian가 보기의 Italian is much easier to read than other languages와 같은 의미임을 알 수 있다. 정답은 A

Answers Q1 : B   Q2 : B   Q3 : A

⚠️ **주의**

❶ 반드시 알파벳(캠브리지에서는 'letter'라고 말한다.)으로 답을 작성한다. 예를 들어 문제 3번의 답을 B라고 적지 않고, Paul Orfalea라고 적으면 오답이다. **문제를 풀기 전에 지시문을 확인**하고, 답을 답안지에 다 옮긴 후에도 지시문을 확인하는 것이 좋다. 답안지를 제출하기 전 단어 개수, 대소문자, 단복수 등을 더블 체크하는 것은 필수이다.

Chapter 02 문제 유형별 풀이 요령

T/F/NG or Y/N/NG (문제의 내용이 지문의 내용과 일치하는지 여부를 묻는 객관식 문제) ★★

1) 문제 원본

Questions 1-3

Do the following statements agree with the information given in the Reading Passage?
In boxes 1-3 on your answer sheet, write

    TRUE   *if the statement agrees with the information*
    FALSE   *if the statement contradicts the information*
    NOT GIVEN *if there is no information on this*

1   Until recently, scientists knew very little about the neurological causes of dyslexia.
     최근까지 과학자들은 난독증의 신경학적 원인에 대해 거의 알지 못했다.

2   The population of dyslexics in Italy is far less than that in the US.
     이탈리아의 난독증 인구가 미국의 난독증 인구보다 훨씬 낮다.

3   Dyslexia has been discovered for more than 100 years.
     난독증은 발견된 지 100년도 더 됐다.

2) 문제 풀이 요령

문제를 정확하게 해석한 후, 문제의 키워드를 지문에서 찾아 문제의 내용과 지문의 내용이
일치하면 T, 상반되면 F, 알 수 없으면 NG라고 쓴다.

B

Q1 키워드/정답 **Scientists have been able to make great strides in** understanding ***the neurological causes of dyslexia*** over the past 20 years. But until recently, they had still been trying to explain why some countries have higher rates of the disorder than others as well as what the implications of this are. Researchers from Italy, France and Britain proposed an answer last week. Their study, published in Science, claimed that a difference in the complexity of writing systems accounts for the variation in dyslexia rates across the world. The team has been acclaimed for putting forward groundbreaking evidence that this learning disability has a common neurological basis wherever it occurs.

F

The English language has 40 phonemes, or sounds needed for pronunciation, and these can be spelled in 1,120 different ways. Italian's 25 phonemes, on the other hand, only require 33 combinations of letters. **Q2** 키워드/정답 Therefore, it is easier to read Italian, which likely explains why ***Italy's*** reported dyslexia **rate** is half of that in the ***U.S.***, where as many as 20% of people suffer from the disorder in some way. It is claimed that Americans spend $1 billion per year on supporting children with dyslexia. By contrast, many Italian dyslexics do not recognise their problem without a battery of psychological tests.

G

The study's impact goes beyond just shedding light on this discrepancy. By presenting a universal neurological explanation for dyslexia, the researchers have sent a clear message to those teachers who might have previously brushed aside the reality of this learning disability in the classroom. Unfortunately, this is still an all too common occurrence even though **Q3** 키워드/정답 ***more than a century*** has passed since the first identification of the disorder.

문제 유형별 풀이 요령

Step 1 문제 해석 및 키워드 찾기

문제를 정확하게 해석한 후, 문제의 키워드를 지문에서 찾는다. 주로 찾기 쉬운 대문자로 표기된 고유명사(이름, 국가, 제목 등) 혹은 숫자(연도, 나이 등) 등이 문제의 키워드로 등장하므로 빨리 찾을 수 있다.

T / F / NG 혹은 Y / N / NG 문제 유형은 **문제 해석을 정확하게 하는 것이 가장 중요**하기 때문에 문제를 번호 순서대로 풀지 말고 **해석하기 쉬운 순서대로 풀자**. 또한 키워드를 잘 찾을 수 있는 문제부터 푸는 것도 좋다.

Step 2 정답 확인

Q1 문제 1번의 키워드는 the neurological causes of dyslexia(난독증의 신경학적 원인)이고 B 단락에서 똑같은 표현을 찾을 수 있다. 이 문제에서는 키워드의 뜻은 몰라도 문제의 little과 지문의 make great strides in을 정확하게 해석할 수 있어야 한다. **little는 '조금'이 아니라 '거의 ~않다' 라는 부정어이다.** make great strides in은 '큰 진전을 보이다' 라는 뜻으로 문제에서는 '최근까지도 과학자들이 난독증의 신경학적 원인에 대해 아는 바가 거의 없었다' 라고 했지만, 지문에서는 '지난 20년 간 과학자들은 난독증의 신경학적 원인을 이해하는데 큰 진전을 이룰 수 있었다' 라고 했기 때문에 내용이 정반대가 된다. 정답은 F / FALSE

Q2 문제 2번의 키워드는 Italy와 America이다. F 단락에 이 두 개의 키워드가 등장하는 것을 확인. 이탈리아와 미국의 난독증 환자 수를 비교한다. 얼핏 보면 TRUE 같지만 **population(인구의 수)과 rate(비율, %)은 완전히 다른 개념이다.** 따라서 난독증 환자의 수가 나온 것이 아니라, 환자의 비율이 나온 것이기 때문에 우리는 알 수가 없다. 물론 상식적으로 이탈리아 인구 수(약 6,000만 명)가 미국 인구 수(약 3억 명)보다 훨씬 적기 때문에 비율이 적으니 인구 수도 적은 것이 사실이지만, **Reading은 상식으로 푸는 것이 아니라 반드시 지문에 근거해서 답을 찾아야 한다.** 정답은 NG / NOT GIVEN

Q3 문제 3번의 키워드는 more than 100 years. 하지만 100이라는 숫자를 아무리 찾으려고 해도 찾을 수가 없다. 그렇다면 정답은 NG인가? 이미 '2-3 Short Answer' 문제 유형에서도 언급한 바와 같이 기간을 나타내는 표현들을 잘 숙지하고 있어야 한다. 따라서 100이라는 숫자를 찾을 수 없다면 **a century**를 찾는다. 마지막 G 단락에서 more than a century를 확인. 문제의 dyslexia는 지문에 the disorder, 문제의 the first identification은 discovered 라는 유사한 표현으로 대체되었다. 정답은 T / TRUE

Answers Q1 : F / FALSE Q2 : NG / NOT GIVEN Q3 : T / TRUE

⚠️ 주의

❶ TRUE / FALSE / NOT GIVEN과 YES / NO / NOT GIVEN 을 **반드시 구분**해서 쓴다.

> **Tip**
>
> | | |
> |---|---|
> | **TRUE** | if the statement agrees with the information |
> | **FALSE** | if the statement contradicts the information |
> | **NOT GIVEN** | if there is no information on this |
>
> 라는 지시문이 있으면 답지에 TRUE / FALSE / NOTGIVEN 혹은 T / F / NG라고 쓰고
>
> | | |
> |---|---|
> | **YES** | if the statement agrees with the views of the writer |
> | **NO** | if the statement contradicts the views of the writer |
> | **NOT GIVEN** | if it is impossible to say what the writer thinks about this |
>
> 라는 지시문이 있으면 답지에 YES / NO / NOT GIVEN 혹은 Y / N / NG라고 쓴다.

❷ 답안지에 답을 옮겨 적을 때는 T / F / NG 혹은 Y / N / NG로 적어도 된다.

❸ 문제의 키워드를 지문에서 찾아, **문제와 지문의 내용이 일치하는지 여부를 반드시 판단**해야 한다. 간혹 문제만 읽고 지문의 내용을 확인하지 않은 채 상식만을 바탕으로 T / F / NG 혹은 Y / N / NG를 결정하는 응시자가 있는데 이럴 경우, 오답의 확률이 매우 높다. **특히 지식이 많은 응시자일수록 이 문제 유형에 취약하다. 최대한 단순하게 풀자!** 아이엘츠는 중학생도 보는 시험이다.

❹ **정답은 T / Y가 가장 높고** 그 다음이 F / N 그리고 NG의 비율이 가장 낮은 편이다. 따라서 시간이 없거나 문제 해석이 안 돼서 부득이하게 답을 찍어야만 하는 상황이 온다면, T / Y로 통일해서 답을 적는 것이 정답의 확률을 올리는 요령이다. 하지만 NG도 1~2개 정도 답으로 나오는 것을 잊지 말자.

❺ 이 유형에서 특히 주의해야 하는 표현 두 가지가 있다. 첫번째는 문제 1번처럼 **few나 little이 포함된 문제**로 반드시 '거의 ~ 않다' 라고 부정문으로 해석해야 한다. 두번째는 문제 2번과 같은 **비교급**이며 비교급 문제의 답이 T가 되는 경우는 많지 않다.

Chapter 02 문제 유형별 풀이 요령

❻ 아직도 F와 NG이 헷갈린다면 다음의 문제에 도전해 보자!

Tip

지문 : 줄리정은 아이엘츠 강사이다

1. 줄리정은 여자다.
2. 줄리정은 키가 크다.
3. 줄리정은 이쁘다.
4. 줄리정은 강사이다.
5. 줄리정은 야구를 좋아한다.
6. 줄리정은 백수다.

해설 및 정답

1. 줄리정은 여자다 → NG / 성별에 대한 언급이 지문에 없다. 여자 이름을 가진 남자도 종종있다.
2. 줄리정은 키가 크다 → NG / 키에 대한 언급이 지문에 없다.
3. 줄리정은 이쁘다 → NG / T라고 쓴 학생이 있다면 감사할 일이지만^^; 외모에 대한 언급이 지문에 없다.
4. 줄리정은 강사이다 → T / 아이엘츠 강사니까 TRUE.
5. 줄리정은 야구를 좋아한다 → NG / 야구에 대한 언급이 지문에 없다.
6. 줄리정은 백수다 → F / 아이엘츠 강사는 직업이니까, 백수는 아니다.

Heading (보기에서 각 단락의 주제문을 찾는 객관식 문제) ★★★

1) 문제 원본

Questions 1-3

The Reading Passage has seven paragraphs, A-G.

Choose the correct heading for paragraphs B-D from the list of headings below.

Write the correct number, i-vii, in boxes 1-3 on your answer sheet.

List of Headings

i	Illogical English pronunciation rules
	비논리적인 영어 발음 규칙
ii	The dyslexic brain under observation
	난독증 뇌의 관찰
iii	The challenge to teachers in classrooms worldwide
	전 세계 교실현장에 있는 교사의 과제
iv	Well-known dyslexics who have defied their learning disability
	학습 장애를 물리친 유명한 난독증 환자들
v	New dyslexia theory published in a journal
	학술지에 발표된 새로운 난독증 이론
vi	The benefit of reading Italian compared with English
	영어와 비교되는 이탈리아어 읽기의 장점
vii	Understanding how the brain reads written words
	뇌가 문자언어를 읽는 방법의 이해

Example 예시	***Answer*** 답
Paragraph A 단락 A	*i*

1 Paragraph B 단락 B
2 Paragraph C 단락 C
3 Paragraph D 단락 D

Chapter 02 문제 유형별 풀이 요령

2) 문제 풀이 요령   한 단락의 주제문은 주로 앞부분에 나온다.

B

Scientists have been able to make great strides in understanding the neurological causes of dyslexia over the past 20 years. But until recently, they had still been trying to explain why some countries have higher rates of the disorder than others as well as what the implications of this are. Researchers from Italy, France and Britain proposed an answer last week. [Q1 키워드/정답] *Their study, published in Science*, claimed that a difference in the complexity of writing systems accounts for the variation in dyslexia rates across the world. The team has been acclaimed for putting forward groundbreaking evidence that this learning disability has a common neurological basis wherever it occurs.

C

The new theory is supported by [Q2 키워드/정답] what we already *know about how the brain interprets the written word*, according to Dr Bennett Shaywitz, co-director at the Center for the Study of Learning and Attention at Yale University. He says the brain is not naturally geared for reading in the way that it is for speech, so it automatically aims to convert written words into the basic structure of a familiar phonetic language. It is widely believed that the brain's so-called reading centres break words down into phonemes, or sound units, and that these are recognised as elements of a phonetic code. That code is then put together by these centres so that written letters and words can be understood. Most children have already acquired this ability by the age of seven.

D

But dyslexics struggle because their brains often cannot break down written words into phonemes. This does not mean that they lack intelligence. [Q3 키워드/정답] *Famous dyslexics who have achieved great success in life* include artist Robert Rauschenberg, actor Tom Cruise and Kinko's founder Paul Orfalea among countless others. Historical figures such as poet W.B. Yeats and Renaissance icon Leonardo da Vinci are also suspected to have had the disorder. Even so, dyslexia can still prove to be a lifelong challenge.

Step 1 단락부터 읽고 List of Headings 해석

주제문 찾기 유형은 지문의 단락부터 하나씩 빠르게 훑어보고(scanning) 문제의 List of Headings를 정확하게 해석한 후, 각 단락을 가장 잘 요약한 것을 답으로 고른다. 보통은 답이 될 단락의 키워드가 List of Headings에 나오는 경우가 많다. 또한 **단락의 앞부분에 주제문이 나올 확률이 가장 높고** 뒷부분과 중간이 그 다음 순서이다.

Step 2 정답 확인

Headings 유형에는 Example이 1~2개 나오는 경우도 있고, 아예 없는 경우도 있다. Example이 나오면 다소 유리할 수 있는데, 한 번 Example에 제시된 답은 절대로 답이 될 수 없기 때문이다. 예를 들어 이 문제에서 Example에 나온 A 단락의 heading, i번 Illogical English pronunciation rules은 이미 A 단락의 주제문이기 때문에 B, C, D 단락의 주제문이 될 수 없다. **Heading의 답은 중복될 수 없기 때문에** 찍더라도 절대로 i번을 찍어서는 안 된다. 헷갈릴 수 있으니 문제 풀기 전, i번 보기를 연필로 까맣게 지우자.

Q1 B 단락은 과학자들이 난독증과 관련한 새로운 연구 내용을 'Science'라는 저널에 발표한 내용이 주를 이룬다. Science 대신 journal이 List of Headings에 있는 것을 확인. 정답은 **v**

Q2 C 단락에서는 뇌가 문자언어를 해석하는 방법에 대한 내용이 나온다. C 단락의 첫 번째 문장의 know about how the brain interprets the written word와 보기 vii의 내용이 같다. know를 understand, interprets를 reads로 표현한 것을 주목하자. 정답은 **vii**

Q3 D 단락에는 난독증 환자, 특히 유명한 인사들의 이름이 나열되어 있다. 보기에서 사람들이 나온 단어를 확인, 지문의 famous와 보기의 well-known이 동의어인 것을 확인하자. 정답은 **iv**

Answers Q1 : v   Q2 : vii   Q3 : iv

Chapter 02 문제 유형별 풀이 요령

⚠ 주의

❶ **Heading 문제 유형은 가장 마지막에 푼다.** Heading은 단 한 개를 문제를 풀기 위해서 그 단락을 모두 읽어야 할 뿐만 아니라, 적어도 6~10개 정도 되는 'List of Headings' (주제문 리스트)도 읽어야 하기 때문에 시간이 가장 많이 소요되는 문제 유형이다. 다른 문제들을 먼저 풀면, 그 문제들을 푸는 동안 자연스럽게 지문을 읽으면서 내용을 파악할 수 있기 때문에 Heading에 소요되는 시간을 상당히 줄일 수 있다. 또한 지문뿐만 아니라 'List of Headings' 도 모두 해석할 수 있어야 하기 때문에 해석 능력이 절대적으로 필요하며 설령 해석이 완벽하더라도 주제문을 뽑는 능력이 없다면 오답을 고르게 된다.

❷ **단락부터 읽고 'List of Headings'에서 답을 찾는다.** 'List of Headings' 부터 읽고 지문을 읽으면, 보통 두 페이지 분량의 지문 전체를 여러 번 읽어야 하는 시간 낭비를 초래하게 된다. 따라서 한 개의 단락을 읽고 그 단락의 키워드를 찾은 후 'List of Headings' 와 일치되는 내용이 있는지를 확인하면서 푼다.

❸ 주로 단락의 앞부분에 답과 관련된 내용들이 나온다. 두괄식이 70%, 미괄식이 20% 정도이다. 따라서 주제문을 찾는 유형에서는 앞부분을 먼저 읽고, 답이 없으면 마지막 문장에서 답을 찾도록 하자.

❹ List of Headings의 로마체로 적힌 번호들(i, ii, iii, iv, v, vi, vii)은 일, 이, 삼, 사... 로 읽는다. 아이 (i), 브이(v)라고 읽지 않는다.

독해 연습

Blame it on the written word (문자언어 탓)

A

The English language is infamous for being illogical. Why, for example, is 'argue' not pronounced 'arg', when 'tung' is sufficient to express 'tongue'? If 'enough' is pronounced 'enuff', why do we not say 'buff' when we use the word 'bough'? These seemingly random rules confuse language students whether English is their mother tongue or not. Spare a thought then for those who suffer from dyslexia, a learning disability that can make the challenge of reading and writing all the more frustrating if not near impossible.

우리말 해석

영어는 비논리적이기로 악명이 높다. 예를 들자면, '텅 [tung]' 이라 말하면 텅 [tongue : 혀] 을 표현하기에 충분한데 왜 '아규 [argue : 논쟁]' 는 '아그 [arg]' 로 발음되지 않을까? '이너프 [enough : 충분한]' 는 '이너프 [enuff]' 로 발음되는데, 왜 우리는 '바우 [bough : 나무가지]' 란 단어를 '버프 [buff]' 라 말하지 않을까? 이러한 겉보기에도 멋대로의 규칙들은 영어가 모국어이든 아니든 언어를 배우는 학생들을 혼란스럽게 한다. 그러면 난독증이라는, 전혀 불가능한 건 아니라도 더욱 절망스럽게도 읽고 쓰는데 어려움이 생길 수 있는 학습 장애로 고통받는 사람들에 대해 생각을 좀 해보자.

Vocabulary

- infamous : [ínfəməs] 악명 높은, (동) notorious, be infamous for ~로 악명이 높다
  [인퍼머스] 발음 주의할 것, [인페이머스] 가 아니다. famous [féɪməs] 는 좋은 의미로 '유명한' 뜻이고, infamous는 나쁜 의미로 유명한 뜻
- illogical : 비논리적인, (반) logical 논리적인
- mother tongue : 모국어, (동) native language
- spare a thought for : ~에 대해 생각해 보다 (이 문장은 동사인 spare가 맨 앞에 나온 명령문, '~해보자' 라고 해석한다.)
- those who : ~하는 사람들(복수)
- suffer from : ~로 고통받다
- dyslexia : 난독증, 독서장애
- learning disability : 학습 장애
- all the more frustrating : 더욱(더) 절망스러운, all the more는 '더욱(더)' 라는 뜻이다

Chapter 02 독해 연습

B

Scientists have been able to make great strides in understanding the neurological causes of dyslexia over the past 20 years. But until recently, they had still been trying to explain why some countries have higher rates of the disorder than others as well as what the implications of this are. Researchers from Italy, France and Britain proposed an answer last week. Their study, published in Science, claimed that a difference in the complexity of writing systems accounts for the variation in dyslexia rates across the world. The team has been acclaimed for putting forward groundbreaking evidence that this learning disability has a common neurological basis wherever it occurs.

우리말 해석

과학자들은 지난 20년에 걸쳐 난독증의 신경학적 원인을 이해하는 데에 큰 진전을 이룰 수 있었다. 그러나 최근까지도 그들은 왜 어떤 나라들은 다른 곳보다 이 장애의 높은 비율이 나타내는지 뿐만 아니라 이것이 함축하는 바를 설명하려고 했었다. 이탈리아, 프랑스와 영국에서 모인 연구원들은 지난 주에 해답을 제시했다. '과학'에 발표된 그들의 연구는 쓰기 체계의 복잡성에서 오는 차이가 전 세계 난독증 비율의 변동의 원인이라고 주장했다. 연구 팀은 어느 곳에서 그것이 발생하던 이 학습 장애는 공통적 신경학적 기저를 가지고 있다는 혁신적인 증거를 제시했다고 인정받았다.

Vocabulary

- make great strides in : ~에 큰 진전(발전)을 이루다, stride 진전, 큰 발걸음
- neurological cause : 신경학적 원인
- disorder : 장애(여기서는 dyslexia를 의미)
- implication : 함축된 의미
- complexity : 복잡성
- account for : ~의 이유가 되다
- variation : 변화, 변동
- acclaim for : ~에 대해 갈채를 보내다
- put forward : (의견)을 제시하다
- groundbreaking : 획기적인, 혁신적인

C

The new theory is supported by what we already know about how the brain interprets the written word, according to Dr Bennett Shaywitz, co-director at the Center for the Study of Learning and Attention at Yale University. He says the brain is not naturally geared for reading in the way that it is for speech, so it automatically aims to convert written words into the basic structure of a familiar phonetic language. It is widely believed that the brain's so-called reading centres break words down into phonemes, or sound units, and that these are recognised as elements of a phonetic code. That code is then put together by these centres so that written letters and words can be understood. Most children have already acquired this ability by the age of seven.

우리말 해석

새로운 이론은, 예일 대학교의 학습과 집중력 연구 센터 공동 소장인 베넷 셰이위츠 (Bennett Shaywitz) 박사에 따르면, 뇌가 문자언어를 해석하는 방법에 대해 우리가 이미 아는 바로 뒷받침 된다. 그는 뇌가 말하기 방식에서 독서를 위한 방식으로 자연스럽게 연동되지 못하기에, 뇌는 자동적으로 문자언어를 친숙한 음성언어의 기본 구조로 변환시키려고 한다고 말한다. 뇌의 소위 판독 센터라고 불리는 곳은 단어들을 음소 혹은 소리 단위로 쪼개고 이러한 것들은 음성코드의 요소들로서 인식된다고 널리 생각되고 있다. 그런 코드는 따라서 기술된 문자와 단어들이 이해될 수 있도록 이들 센터들에서 종합된다. 대부분의 아이들은 7세면 이런 능력을 이미 습득한다.

Vocabulary

- according to : ~에 따르면
- convert : 변환시키다, 바꾸다, convert A into B, A를 B로 바꾸다
- phonetic language : 음성언어
- phoneme : 음소
  음소란, 어떤 언어에서 의미 구별 기능을 갖는 음성 상의 최소 단위
  예를 들어 영어에서는 sip에 쓰인 /s/와 zip에 쓰인 /z/ 가 두 개의 다른 음소이다
  출처 – 옥스퍼드 영한사전
- acquire : 습득하다

Chapter 02 독해 연습

D

But dyslexics struggle because their brains often cannot break down written words into phonemes. This does not mean that they lack intelligence. Famous dyslexics who have achieved great success in life include artist Robert Rauschenberg, actor Tom Cruise and Kinko's founder Paul Orfalea among countless others. Historical figures such as poet W.B. Yeats and Renaissance icon Leonardo da Vinci are also suspected to have had the disorder. Even so, dyslexia can still prove to be a lifelong challenge.

우리말 해석

그러나 뇌는 종종 문자들을 음소로 분류하지 못하기 때문에 난독증 환자들은 고군분투한다. 이는 그들이 지능이 부족하다는 의미가 아니다. 인생에서 큰 성공을 거둔 유명한 난독증 환자들로는 셀 수 없이 많은 사람들 중, 화가 로버트 라우센버그(Robert Rauschenberg), 배우 톰 크루즈(Tom Cruise)와 킨코스의 설립자 폴 오팔라(Paul Orfalea)를 들 수 있다. 시인 W. B. 예이츠와 르네상스 시대의 아이콘인 레오나르도 다 빈치같은 역사적 인물들 또한 이 장애를 가졌다고 추측된다. 그럼에도 불구하고 난독증은 여전히 평생의 난제임을 보여주고 있다.

불법 Vocabulary

- dyslexic : 난독증 환자
- countless : 셀 수 없이 많은
- historical figure : 역사적 인물들, figure는 '인물' 이라는 뜻

E

Dyslexics in Italy do much better when it comes to reading than their British and French counterparts, according to a scientific comparison of all three countries. Across the board, brain scans revealed a disconnection between language and visual processing in dyslexics while they were reading. Why then are Italian dyslexics stronger readers? "The difference is not in the languages themselves," insists lead author Eraldo Paulesu from the University of Milan Bicocca. "It's in their writing systems, which vary in complexity for historical reasons."

우리말 해석

이탈리아의 난독증 환자는, 모두 세 나라를 과학적으로 비교한 바에 따르면, 독서를 하게 되면 이에 상응하는 영국인이나 프랑스인들보다 훨씬 더 잘한다. 전반적으로 뇌 정밀 촬영 사진은 그들이 읽는 동안 언어와 시각적 진행 과정 사이에 단절을 보여 주었다. 그렇다면 왜 이탈리아의 난독증 환자들은 더 우세한 독자들일까? "차이는 언어 자체에 있지않다"는 주장이 필자인 밀라노 비코카 대학교 에랄도 폴레서(Eraldo Paulesu)에 의해 제기되었다. "그것은 역사적 이유들로 인해 복잡성이 달라진 그들의 쓰기 체계에 있다."

Vocabulary

- counterpart : 상대, 대응관계에 있는 사람, 여기서는 dyslexic의 뜻이다
- across the board : 전반에 걸쳐
- reveal : 드러내다, 밝히다
- lead author : 주요 필자
- vary : 다르다
- complexity : 복잡성

Chapter 02 독해 연습

F

The English language has 40 phonemes, or sounds needed for pronunciation, and these can be spelled in 1,120 different ways. Italian's 25 phonemes, on the other hand, only require 33 combinations of letters. Therefore, it is easier to read Italian, which likely explains why Italy's reported dyslexia rate is half of that in the U.S., where as many as 20% of people suffer from the disorder in some way. It is claimed that Americans spend $1 billion per year on supporting children with dyslexia. By contrast, many Italian dyslexics do not recognise their problem without a battery of psychological tests.

우리말 해석

영어는 40개의 음소 즉 발성에 필요한 소리가 있고, 이것들은 1,120가지의 다른 방식으로 철자화될 수 있다. 반면에 25개의 음소를 가진 이탈리아어는 오직 33가지 문자 조합만이 필요할 뿐이다. 따라서 이탈리아어를 읽기가 더 쉬운 것이다. 이는 왜 이탈리아의 보고된 난독증 비율이 어떤 방식이든 그 장애로 고통받는 사람의 비율이 20%나 되는 미국의 절반인 이유를 설명한다고 할 수 있을 것이다. 미국인들은 난독증이 있는 어린이들을 지원하기 위해 연간 10억 달러를 쓴다는 주장이 있다. 그에 반해 많은 이탈리아 난독증 환자들은 수많은 심리학적 검사 없이는 그들의 문제를 인지하지 못한다.

불법 Vocabulary

- as many as : 무려 ~나 되는
- in some way : 어떤 방식이든
- a battery of : 수많은, 셀 수 있는 명사 앞에 사용되며 복수명사가 뒤에 온다

G

The study's impact goes beyond just shedding light on this discrepancy. By presenting a universal neurological explanation for dyslexia, the researchers have sent a clear message to those teachers who might have previously brushed aside the reality of this learning disability in the classroom. Unfortunately, this is still an all too common occurrence even though more than a century has passed since the first identification of the disorder.

우리말 해석

이 연구의 영향은 이러한 차이를 밝히는 것 이상이다. 난독증에 대해 일반적인 신경학적 설명을 제시함으로써, 연구자들은 이전에 교실에서 학습장애의 현실을 무시해왔을 교사들에게 분명한 메시지를 전달한 것이다. 불행하게도 이 장애가 처음으로 규명된 이래 한 세기 이상 흘렀음에도 이것은 여전히 너무나 흔하게 발생하고 있다.

Vocabulary

- go beyond : ~이상이다, 넘어서다
- shed light on : ~을 밝히다, 설명하다
- discrepancy : 차이
- brush aside : 무시하다

Chapter 03

Reading Test 1~6
Level : Easy ★☆☆

- Writing과 Speaking 시험에도 도움이 될 고품격 지문 총 6개
- 비교적 수월하고 직관적으로 풀 수 있는 총 30개의 문제 수록
- 지문 전체를 꼼꼼히 읽기보다는, 문제의 Key Point를 찾는 위주로 문제를 풀어보자.
- 이 난이도의 모든 문제를 맞춰야 최소 6.0 달성 가능!

Who wants to cheer for nuclear power?

A It is fair to say nuclear energy has a problem - being unable to shake a bad reputation. The 1986 explosion at Chernobyl comes to mind when we think of the potentially devastating consequences of nuclear power. Japan's Fukushima disaster of 2011 is often placed in the same category, though a tsunami was the major cause of casualties there. Nuclear advocates point out such tragedies are rare blots on a largely unscathed safety record, but even a single nuclear-related death will attract far more attention than many fatalities linked to the production of power from other sources.

B Some people might instinctively presume that fossil fuels are a lesser of two evils when compared with nuclear power. However, the numbers tell a different story when we look at the mortality rate of different energy sources over the last four decades. While the figures include both direct deaths and epidemiological estimates, they give us a very clear comparison between various power supply options.

C Coal is the most deadly form of energy by far. It is estimated that coal on its own causes 100,000 deaths worldwide per trillion kilowatt hours. It is the worst of the fossil fuels in terms of polluting the air with particulate matter, which has become a significant area of global health concern. Considering nearly half of the world's electricity relies on coal, this is particularly worrying.

D Oil, another fossil fuel, is next on the list. It is one of the globe's most important commodities but results in 36,000 deaths per trillion kilowatt hours. Natural gas is a far safer fossil fuel and manages to meet more than 20 per cent of the world's electricity demand. But it is associated with the highest rate of accidents, causing 4,000 deaths per trillion kilowatt hours. Drilling for fuel can be a perilous business!

E At the other end of the spectrum, nuclear energy is statistically the safest, being responsible for just 90 deaths per trillion kilowatt hours - even factoring in those high-profile disasters. It produces 11 per cent of the world's electricity, but governments are increasing pressure to lower that proportion because of the perception that nuclear energy is so dangerous. As long as safety regulations are followed, it is a very clean source of power, even compared with renewables. Nobody wants a nuclear power plant near their own home, and perhaps that is understandable, but the main alternatives could be far more hazardous.

Questions 1-5

Complete the table below.

*Choose **NO MORE THAN TWO WORDS OR A NUMBER** from the passage for each answer.*

Energy	The number of deaths per trillion kWh	Disadvantage
coal	100,000	air pollution due to **1** ....
oil	36,000	–
2	4,000	the **3** .... percentage of accidents
nuclear power	**4**	**5** .... catastrophes

Chapter 03 TEST 1 문제해석

Questions 1-5

Complete the table below.

Choose **NO MORE THAN TWO WORDS OR A NUMBER** *from the passage for each answer.*
지문에서 각 문제의 답을 **두 단어가 넘지 않게 혹은 하나의 숫자**로 찾아 아래 표를 완성하세요.

Energy	The number of deaths per trillion kWh	Disadvantage
coal	100,000	air pollution due to 1 ....
oil	36,000	–
2	4,000	the 3 .... percentage of accidents
nuclear power	4	5 .... catastrophes

에너지	1조 킬로와트시(kWh) 당 사망자 수	단점
석탄	100,000	1 .... 로 인한 대기 오염
기름	36,000	–
2	4,000	3 .... 사망률
원자력	4	5 .... 참사들

| Chapter 03 | **TEST 1 문제풀이** | |

Table 표의 빈칸을 채우는 주관식 문제

1 particulate matter
석탄의 단점인 대기 오염의 원인을 찾는 문제다. 먼저 석탄(coal)을 주로 다루고 있는 C 단락을 보고 air pollution과 같은 뜻인 polluting the air를 찾은 후 particulate matter를 답으로 적는다. particulate matter의 뜻이 미세먼지인 것을 몰랐다 하더라도 망설이지 말고 답으로 쓰자. 이 문제에서 중요한 점은 particulate matter의 뜻이 아니라 air pollution을 polluting the air라고도 표현할 수 있다는 것을 깨닫는 것이다. Reading의 주관식 문제에서는 내가 모르는 생소한 단어가 답이 되는 경우도 종종 있다.

2 natural gas
1조 킬로와트시 당 4,000명의 사망자를 유발하는 에너지의 이름을 적는 문제다. D 단락에서 4,000을 찾은 후 natural gas를 답으로 적는다. natural gas가 천연 가스라는 뜻은 반드시 알고 있어야 한다. 에너지와 관련해서는 Reading뿐만 아니라 Writing과 Speaking에서도 단골 주제이다. 이 지문을 통해서 각 에너지원의 특징을 영어로 정리해 두자.

3 highest
2번의 답인 natural gas의 단점을 찾는 문제다. 뒤에 per cent가 아닌 percentage가 있기 때문에 3번 답은 숫자가 아닌 단어인 것을 파악한다(숫자 + per cent / 단어 + percentage라는 공식을 반드시 숙지할 것!) 그리고 앞에 the가 있기 때문에 형용사의 최상급이 답으로 나올 것을 예상한다. D 단락의 the highest rate of accidents를 보고 rate와 percentage가 동의어인 것을 확인한 후 답을 highest로 적는다.

4 90
nuclear power의 1조 킬로와트시 당 사망자 수를 적는 문제다. 문제에서 숫자가 답일 것을 예상한 후 E 단락에서 90을 찾아서 답으로 적는다.

5 high-profile
nuclear power를 다루고 있는 E 단락에서 재앙이라는 뜻의 catastrophes와 같은 동의어인 disasters를 찾고, disasters 앞에 있는 단어 high-profile을 답으로 적는다.

Who wants to cheer for nuclear power?

A It is fair to say nuclear energy has a problem - being unable to shake a bad reputation. The 1986 explosion at Chernobyl comes to mind when we think of the potentially devastating consequences of nuclear power. Japan's Fukushima disaster of 2011 is often placed in the same category, though a tsunami was the major cause of casualties there. Nuclear advocates point out such tragedies are rare blots on a largely unscathed safety record, but even a single nuclear-related death will attract far more attention than many fatalities linked to the production of power from other sources.

B Some people might instinctively presume that fossil fuels are a lesser of two evils when compared with nuclear power. However, the numbers tell a different story when we look at the mortality rate of different energy sources over the last four decades. While the figures include both direct deaths and epidemiological estimates, they give us a very clear comparison between various power supply options.

C Coal is the most deadly form of energy by far. It is estimated that coal on its own causes 100,000 deaths worldwide per trillion kilowatt hours. It is the worst of the fossil fuels in terms of polluting the air with particulate matter, **Q1** which has become a significant area of global health concern. Considering nearly half of the world's electricity relies on coal, this is particularly worrying.

D Oil, another fossil fuel, is next on the list. It is one of the globe's most important commodities but results in 36,000 deaths per trillion kilowatt hours. Natural gas **Q2** is a far safer fossil fuel and manages to meet more than 20 per cent of the world's electricity demand. But it is associated with the highest **Q3** rate of accidents, causing 4,000 deaths per trillion kilowatt hours. Drilling for fuel can be a perilous business!

E At the other end of the spectrum, nuclear energy is statistically the safest, being responsible for just 90 **Q4** deaths per trillion kilowatt hours - even factoring in those high-profile **Q5** disasters. It produces 11 per cent of the world's electricity, but governments are increasing pressure to lower that proportion because of the perception that nuclear energy is so dangerous. As long as safety regulations are followed, it is a very clean source of power, even compared with renewables. Nobody wants a nuclear power plant near their own home, and perhaps that is understandable, but the main alternatives could be far more hazardous.

누가 원자력 발전을 응원하고 싶어 할까?

A   원자력 에너지는 나쁜 평판을 떨쳐버릴 수 없다는 문제가 있다. 우리가 원자력 발전의 잠재적으로 파괴적인 결과를 생각할 때면 1986년 체르노빌(Chernobyl)에서의 폭발이 떠오른다. 2011년 일본 후쿠시마(Fukushima) 원전 사고 또한, 쓰나미가 사상자 발생의 주요 원인이라 하더라도 종종 같은 범주에 놓인다. 원자력(핵) 에너지 옹호자들은 그러한 비극들은 대체로 무탈했던 안전 기록에 있어 드문 오점이라고 지적하지만, 핵 에너지와 관련된 단 한 건의 사망 사고가 일어나더라도 다른 에너지원이 생산하는 전력과 관련된 다수의 사망 건수들보다 훨씬 더 많은 관심을 끌 것이다.

B   어떤 사람들은 원자력과 화석 연료를 비교하며 후자가 더 작은 악이라고 본능적으로 추정할지도 모른다. 그러나, 지난 40년 동안 일어난 다양한 에너지원이 초래한 사망률을 볼 때, 그 수치들은 다른 이야기를 해준다. 이 수치들은 직접적인 사망과 역학적인 추정치를 모두 포함하지만, 그것은 우리에게 다양한 에너지 공급 선택지들 간의 명확한 비교를 제시한다.

C   석탄은 단연코 가장 치명적인 형태의 에너지이다. 석탄 단독으로도 전 세계적으로 1조 킬로와트시 당 10만 명의 사망을 유발하는 것으로 추산된다. 초미세먼지로 공기를 오염시킨다는 측면에서 최악의 화석 연료이며, 이것은 전세계 건강 관심사의 중대한 영역이 되었다. 거의 절반에 달하는 전 세계의 전력이 석탄에 의존하고 있다는 점을 고려하면, 이는 특히 걱정스럽다.

D   또 다른 화석 연료인 석유는 그 다음 순위에 있다. 그것은 지구상의 가장 중요한 원자재 중 하나이지만 1조 킬로와트시 당 3만 6천 명의 사망을 초래한다. 천연가스는 훨씬 더 안전한 화석 연료이며 세계 전기 수요의 20퍼센트 이상을 그럭저럭 충족시키고 있다. 그러나 이것은 가장 높은 사고율과 관련이 있으며, 1조 킬로와트시 당 4천 명의 사망을 유발한다. 이렇듯 연료를 찾는 시추 사업은 위험할 수 있다!

E   이러한 스펙트럼의 반대편에는, 원자력이 가장 안전한 에너지이며, 심지어 그러한 세간의 이목을 끄는 재해를 고려하더라도 1조 킬로와트시 당 단 90명의 사망만을 초래한다는 통계가 있다. 이것은 전 세계 전기의 11퍼센트를 생산하지만, 정부들은 원자력 에너지가 매우 위험하다는 인식 때문에 그 비율을 낮추고자 하는 압박을 증가시키고 있다. 안전 규정이 지켜지기만 한다면, 원자력은 심지어 재생 에너지와 비교해도 매우 깨끗한 동력원이다. 어느 누구도 자신의 집 근처에 원자력 발전소가 있는 것을 원하지 않지만, 설마 이해가 가는 상황이라 하더라도 주요한 대안 에너지들이 훨씬 더 위험할 수 있다.

Vocabulary

nuclear power : 원자력 발전
explosion : 폭발
disaster : 재앙, 참사
tragedy : 비극
fatality : 사망자
mortality : 사망자 수
epidemiological : 역학적인, 전염병학의
trillion : 1조
manage to : 간신히 ~하다
statistically : 통계적으로
renewables : 재생 가능한 에너지

shake : 떨치다, 흔들다
devastating : 대단히 파괴적인
casualty : 사상자
blot : 오점
instinctively : 본능적으로
decade : 10년
deadly : 치명적인
particulate matter : 미세먼지
drill : 구멍을 뚫다
factor in : ~을 고려하다
alternative : 대안

reputation : 평판
consequence : 결과
advocate : 옹호자, 변호인
unscathed : 아무 탈 없는
fossil fuels : 화석 연료
figure : 수치
by far : 훨씬, 단연코
commodity : 원자재, 상품
perilous : 아주 위험한
high-profile : 세간의 이목을 끄는
hazardous : 위험한

Level : Easy ★

TEST 2

READING PASSAGE

In search of the real Pizza Margherita

If there is one kind of food likely to be found anywhere in the world, it is pizza! This circular bed of dough covered with toppings has delighted taste buds from South America to the South Pacific. But many food connoisseurs head to Naples in Italy when they want an authentic pizza experience.

The classic Neapolitan pizza is known as the Pizza Margherita. Unlike most varieties of pizza, it requires specific ingredients and precise methods of preparation. The art of making Neapolitan pizza is on UNESCO's list of intangible cultural heritage. It also enjoys the European Union's Traditional Speciality Guaranteed status, which recognises the Pizza Margherita's unique identity.

Before looking more closely at the Pizza Margherita itself, it is worth noting that this dish's history is far more obscure than the rules associated with making it. A popular legend suggests it was created in honour of Queen Margherita in 1889. The basis for this claim is that the Pizza Margherita's simple toppings of cheese, tomato and basil share the same colours as the Italian flag. However, this is unlikely because the same ingredients were used to make pizza in Naples as early as 1796. Moreover, the name 'Pizza Margherita' may actually be related to toppings shaped in a flower pattern, because 'margherita' means 'daisy' in Italian.

In terms of preparing the Pizza Margherita, the ingredients are strictly regulated. For pizza to be considered Neapolitan, it must be made with San Marzano tomatoes grown south of Mount Vesuvius and Mozzarella cheese derived from the milk of water buffalo raised in the marshlands of Campania and Lazio. The dough should consist of type 0 or 00 wheat flour along with a mixture of yeast, salt and water. The only other components are basil, extra virgin olive oil and perhaps a little Parmesan cheese.

The dough must be kneaded and then flattened by hand. The pizza base should be no thicker than three millimetres. Once the toppings are added, it has to be placed in a stone oven heated to 485°C by an oak-wood fire. At this temperature, it takes a maximum of 90 seconds to bake a Pizza Margherita.

Needless to say, Neapolitan pizza will not come with any toppings like pineapple or sweet potato, but it has inspired the development of variations that are so popular you can find them everywhere from gourmet restaurants to convenience stores. Just do not let a Neapolitan catch you deviating from the original recipe!

Questions 1-5

Complete the flow chart below.

Choose **NO MORE THAN TWO WORDS OR A NUMBER** from the text for each answer.

Rules in baking a pizza Margherita

Ingredients sourced from the specific regions
- **1** .... made of the milk of water buffalo raised in Campania and Lazio.
- San Marzano **2** .... raised in the southern part of Mount Vesuvius.

Other must-have ingredients for a pizza
- **3** .... of certain type with a mixture of yeast, salt and water.
- Extra virgin olive oil, Parmesan cheese and basil.

Other regulations in baking
- Manually kneaded and flattened dough less than three-millimetre thickness.
- A stone oven heated by an **4** .... until it reaches 485°C.
- Baking time which does not go over **5** ....

Chapter 03 TEST 2 문제해석

Questions 1-5

Complete the flow chart below.

Choose **NO MORE THAN TWO WORDS OR A NUMBER** *from the text for each answer.*

지문에서 각 문제의 답을 **두 단어가 넘지 않게 혹은 하나의 숫자**로 찾아 아래 순서도를 완성하세요.

Rules in baking a pizza Margherita 마르게리따 피자 베이킹의 규칙들

Ingredients sourced from the specific regions 특정 지역에서 수급한 재료들
- 1 .... made of the milk of water buffalo raised in Campania and Lazio.
  Campania와 Lazio 지역에서 기른 물소의 젖으로 만든 **1** ....
- San Marzano **2** .... raised in the southern part of Mount Vesuvius.
  Vesuvius 산의 남쪽 지역에서 수확한 San Marzano **2** ....

⬇

Other must-have ingredients for a pizza 그 외 필수 재료
- **3** .... of certain type with a mixture of yeast, salt and water.
  특정한 종류의 **3** .... 와 이스트, 소금, 물의 혼합물
- Extra virgin olive oil, Parmesan cheese and basil.
  엑스트라 버진 올리브 오일, 파르메산 치즈, 바질

⬇

Other regulations in baking 조리 시 규칙들
- Manually kneaded and flattened dough less than three-millimetre thickness.
  손으로 반죽하고 밀어낸 3밀리미터 이하의 얇은 반죽
- A stone oven heated by an **4** .... until it reaches 485°C.
  4 .... 으로 섭씨 485도까지 달궈진 돌 화덕
- Baking time which does not go over **5** ....
  최대 **5** .... 를 넘지 않는 베이킹 시간

TEST 2 문제풀이

Flow Chart 순서도의 빈칸을 채우는 주관식 문제

1 Mozzarella cheese

Campania와 Lazio라는 지역 이름이 명확히 나와있으므로 해당 명칭이 있는 곳을 찾는다. 'derived from'이라는 표현과 'made of'라는 표현이 paraphrase 되어있는 것에 주의한다. 대소문자가 걱정될 때는 지문에 나와있는 그대로 적는다.

2 tomatoes

이 문제 또한 지역명을 찾으면 재료를 쉽게 찾을 수 있다.

3 Wheat flour / Flour

'dough'라는 답과 헷갈릴 수 있는 문제였다. 빈 칸의 뒤에 있는 'certain type'이 지문에서는 'type 0 or 00'라고 쓰여있으니 답은 반죽이 아닌 밀가루이다.

4 oak-wood fire

빈 칸 앞에 'an'이 있는 것을 보고 답은 모음으로 시작하는 단어임을 생각해둔다. 또한 '- (hyphen)'으로 연결된 단어의 경우 한 개의 단어로 카운팅되므로 'oak wood fire (세 단어)'가 아닌 'oak-wood fire (두 단어)'로 꼭 적어야 문제의 'NO MORE THAN TWO WORDS'의 조건을 만족하는 답이 된다.

5 90 seconds

'a maximum of'가 'does not go over'로 paraphrase된 것에 주의하며 답을 찾는다.

In search of the real Pizza Margherita

If there is one kind of food likely to be found anywhere in the world, it is pizza! This circular bed of dough covered with toppings has delighted taste buds from South America to the South Pacific. But many food connoisseurs head to Naples in Italy when they want an authentic pizza experience.

The classic Neapolitan pizza is known as the Pizza Margherita. Unlike most varieties of pizza, it requires specific ingredients and precise methods of preparation. The art of making Neapolitan pizza is on UNESCO's list of intangible cultural heritage. It also enjoys the European Union's Traditional Speciality Guaranteed status, which recognises the Pizza Margherita's unique identity.

Before looking more closely at the Pizza Margherita itself, it is worth noting that this dish's history is far more obscure than the rules associated with making it. A popular legend suggests it was created in honour of Queen Margherita in 1889. The basis for this claim is that the Pizza Margherita's simple toppings of cheese, tomato and basil share the same colours as the Italian flag. However, this is unlikely because the same ingredients were used to make pizza in Naples as early as 1796. Moreover, the name 'Pizza Margherita' may actually be related to toppings shaped in a flower pattern, because 'margherita' means 'daisy' in Italian.

In terms of preparing the Pizza Margherita, the ingredients are strictly regulated. For pizza to be considered Neapolitan, it must be made with San Marzano **tomatoes Q2** grown south of Mount Vesuvius and **Mozzarella cheese Q1** derived from the milk of water buffalo raised in the marshlands of Campania and Lazio. The dough should consist of type 0 or 00 **wheat flour Q3** along with a mixture of yeast, salt and water. The only other components are basil, extra virgin olive oil and perhaps a little Parmesan cheese.

The dough must be kneaded and then flattened by hand. The pizza base should be no thicker than three millimetres. Once the toppings are added, it has to be placed in a stone oven heated to 485 °C by an **oak-wood fire Q4**. At this temperature, it takes a maximum of **90 seconds Q5** to bake a Pizza Margherita.

Needless to say, Neapolitan pizza will not come with any toppings like pineapple or sweet potato, but it has inspired the development of variations that are so popular you can find them everywhere from gourmet restaurants to convenience stores. Just do not let a Neapolitan catch you deviating from the original recipe!

진짜 마르게리타 피자(Pizza Margherita)를 찾아서

만약 세계 어느 곳에서나 찾아볼 수 있을 것 같은 음식 하나가 있다면, 그것은 피자이다! 토핑들로 덮인 이 둥근 반죽판은 남미에서 남태평양까지 사람들의 혀(미뢰)를 즐겁게 해주고 있다. 그러나 많은 음식 감정가들은 그들이 진정한 피자를 경험하고자 할 때 이탈리아의 나폴리(Naples)로 향한다.

전통적인 나폴리 피자는 마르게리타 피자로 알려져 있다. 대부분의 다양한 피자와는 다르게, 이 피자는 특정한 재료와 정밀한 준비 방법을 필요로 한다. 나폴리 피자를 만드는 기술은 유네스코(UNESCO)의 무형 문화 유산 목록에 올라있다. 그것은 또한 유럽 연합(EU)의 전통 특산품 보증(TSG)의 지위를 누리고 있는데, 이는 마르게리타 피자의 독특한 정체성을 인정하는 것이다.

마르게리타 피자 자체를 더욱 면밀히 살펴보기 전, 조리와 관련된 규칙들보다 이 음식의 역사가 훨씬 덜 알려졌다는 점에 주목할 가치가 있다. 한 민간 설화에 따르면 이 피자는 마르게리타 여왕(Queen Margherita)에게 경의를 표하기 위해 1889년에 만들어졌다고 한다. 이러한 주장의 근거는 치즈, 토마토, 바질만 올라간 단순한 토핑이 이탈리아의 국기와 같은 색깔을 지녔다는 것이다. 그러나 나폴리에서 이미 1796년에 똑같은 재료가 피자를 만드는 데 사용되었기 때문에 이 주장은 사실일 것 같지는 않다. 게다가, '마르게리타 피자'라는 이름은 사실상 꽃 패턴으로 형태를 이루는 토핑과 관련이 있을지도 모르는데, 왜냐하면 '마르게리타'는 이탈리아어로 '데이지 꽃'을 의미하기 때문이다.

마르게리타 피자를 준비하려면 엄격한 규정들에 따른 재료들을 구해야한다. 나폴리 산 피자로 여겨지기 위해서는 베수비오 산(Mount Vesuvius)의 남쪽에서 재배된 산 마르짜노(San Marzano) 토마토와, 캄파니아(Campania)와 라치오(Lazio)의 늪지대에서 키워진 물소의 젖에서 얻은 모짜렐라(Mozzarella) 치즈로 만들어져야만 한다. 반죽(도우)은 이스트, 소금, 물의 혼합물과 함께 0이나 00타입의 밀가루로 구성되어야 한다. 다른 유일한 구성 요소는 바질, 엑스트라 버진 올리브 오일, 그리고 약간의 파르메산(Parmesan) 치즈이다.

밀가루 반죽은 손으로 주무른 다음 납작하게 펴야 한다. 피자의 피(베이스)는 3밀리미터보다 더 두꺼우면 안 된다. 토핑이 첨가된 후에는 떡갈나무 장작을 피워 섭씨 485도까지 가열된 돌로 만든 화덕으로 들어간다. 이 온도에서는, 마르게리타 피자를 굽는 데 최대 90초가 걸린다. 말할 필요도 없이, 나폴리 피자에는 파인애플이나 고구마 같은 토핑이 올라가지 않겠지만, 많은 인기를 얻고 있는 변형된 피자들의 개발에 영감을 주었고, 고급 레스토랑에서 편의점에 이르기까지 어디에서나 찾을 수 있게 되었다. 다만 나폴리 사람에게 여러분이 원래의 요리법에서 벗어나고 있다는 것을 들키지만 않게 하라!

Level : **Easy** ★

Vocabulary

- taste bud : 미뢰 (혀에서 맛을 느끼는 작은 기관)
- authentic : 진실된, 진짜의, 정품의
- precise : 정밀한, 정확한
- identity : 정체성, 독자성
- regulated : 통제된, 규정된
- consist of : ~로 구성된다
- gourmet restaurant : 미식 레스토랑, 고급 레스토랑
- connoisseur : (예술품, 음식, 음악 등) 감정가, 전문가
- ingredient : 재료, 구성 요소
- intangible cultural heritage : 무형 문화 유산
- obscure : 잘 알려지지 않은, 무명의
- derive from : ~로부터 얻다, 만들어지다, 유래하다
- Needless to say : 단연코, 말할 필요도 없이
- deviate : 벗어나다, 이탈하다

TEST 3

READING PASSAGE

Not just any old ball game!

A   They call it the 'beautiful game', but football has not always been pretty. In fact, some historical kicking games were brutal. Yet modern football, or soccer, has become a way of life for millions of fans around the world. First, let's find out how this sport kicked off in the first place!

B   Football's world governing body, FIFA, traces the game's origins back to *cuju*, a Chinese word meaning 'kick ball'. This was played during China's Han Dynasty period between 206 BC and 220 AD, and the object was to kick a ball into a net. Other ancient Asian games resembling football include Korea's *chuk-guk* and *kemari* in Japan, whereas variations in ancient Greece and Rome were a lot more violent.

C   England is deemed the birthplace of football as we know it today. Even in Britain, however, there were initially wide variations in how the game was played from as early as the eighth century AD. It was not until the mid-19th century that The Football Association was formed, and rules were codified. This led to the development of the world's oldest football competition, the FA Cup, which was first contested in 1872. That year, England and Scotland also contested the first international football match in front of 4,000 spectators. That would be considered a small crowd by current standards!

D   These days, football is regularly played by around 250 million people around the world, according to a FIFA survey published in 2001. Billions more of us watch the game via screens or in person. Its most coveted prize is arguably the World Cup, a quadrennial tournament initially held in 1930. This truly global sport spans over 200 countries. One of the reasons is that football can be played just about anywhere with very little equipment except for a ball or something to kick! Some Brazilian superstars famously learned how to play the game barefooted.

E   Occasionally, the 'beautiful game' has transcended sport. A legendary example came during a World War I ceasefire in 1914, when opposing soldiers put down their weapons to play football together at Christmas. More recently, Ivory Coast's national team helped arrange a civil war truce in 2006. Admittedly, passions sometimes spill over to create violence among fans, but this sport is generally celebrated for its power to unite people and promote peace.

Questions 1-5

The text has five sections, **A-E**.

Which section contains the following?

Write the correct letter, **A-E**, in boxes 1-5 on your answer sheet.

NB You may choose any letter more than once.

1   The global popularity of the sport and its unmissable event happening once in four years.
2   The good function of the sport which established peace during the wars.
3   Some examples of the ancient names of 'football' in different cultures.
4   The number of fans visited the first official match after the Football Association was organised.
5   The historical evidence found in Asian countries that football was played.

TEST 3 문제해석

Questions 1-5

The text has five sections, **A-E**.

Which section contains the following?

Write the correct letter, **A-E**, in boxes 1-5 on your answer sheet.

NB You may choose any letter more than once.

이 지문은 A에서 E까지의 다섯 단락으로 구성되어 있습니다.

아래 보기의 정보를 포함하는 단락의 알파벳을 찾아 답을 작성하세요.

한 번 이상 선택되는 단락이 있을 수도 있습니다.

1   The global popularity of the sport and its unmissable event happening once in four years.
    이 스포츠의 전 세계적인 인기와 4년에 한 번씩 개최되는 놓칠 수 없는 행사

2   The good function of the sport which established peace during the wars.
    전쟁에서 평화를 피어나게 한 이 스포츠의 순기능

3   Some examples of the ancient names of 'football' in different cultures.
    다른 문화권의 역사에서 보이는 '축구'를 지칭하는 옛 이름의 예시들

4   The number of fans visited the first official match after the Football Association was organised.
    축구 협회가 꾸려진 후 처음으로 치러진 공식 경기에 참석한 관중 수

5   The historical evidence found in Asian countries that football was played.
    아시아 국가들에서 축구가 행해졌다는 역사적 증거

Chapter 03 TEST 3 문제풀이

유형
Information 키워드가 어느 단락에서 나왔는지를 찾는 객관식 문제

Level : Easy ★

1 D
축구에 대한 기초적인 정보가 있다면 글을 모두 읽지 않고도 쉽고 빠르게 풀 수 있는 문제이다. 전 세계적인 인기를 보여주는 '250 million people around the world'와 'spans over 200 countries'등의 구절과, 'the World Cup'이 '4년에 한 번씩 개최되는 놓칠 수 없는 행사'로 paraphrase 되어 있는 점이 힌트이다.

2 E
두 번의 전쟁 (제1차 세계 대전, 코트디부아르 내전)이 연도와 함께 기재되어 있는 부분을 중점으로 하여 답을 찾을 수 있으며, 이외에도 사람들을 뭉치게 하고 평화를 독려하기도 하는 '초월적인 힘을 가진 스포츠'로 축구를 묘사한 것을 찾아볼 수 있는 단락이다.

3 B
'football'이 과거에 다른 이름으로 불렸던 예시들을 찾는 문제이며, 이탤릭체로 되어있는 고유 명사이기 때문에 시각적으로도 빠르게 탐색할 수 있는 정보이다. 이런 문제에서 시간을 많이 끌지 말자!

4 C
축구라는 스포츠가 점점 기준과 규칙을 가진 종목이 되어가는 변화를 다룬 단락이 C이다. 많은 이야기가 나오지만 'the Football Association'을 확실히 찾아 표시하고, '4,000 spectator'라는 단어가 'the number of fans'라는 명사구와 연관이 있음을 찾아서 풀면 된다.

5 B
3번 보기와 마찬가지로 전체 글 속에서 아시아 국가들의 정확한 명칭이 나오는 단락을 찾으면 쉽게 해결할 수 있는 문제이다. 중국의 한 왕조 (Han Dynasty) 때에 그물에 공을 차서 넣는 목적을 가진 놀이가 있었다는 문장으로 답을 찾을 수 있다.

Not just any old ball game!

A They call it the 'beautiful game', but football has not always been pretty. In fact, some historical kicking games were brutal. Yet modern football, or soccer, has become a way of life for millions of fans around the world. First, let's find out how this sport kicked off in the first place!

B [Football's world governing body, FIFA, traces the game's origins back to *cuju*, a Chinese word meaning 'kick ball'. [This was played during China's Han Dynasty period between 206 BC and 220 AD, and the object was to kick a ball into a net. Q5] Other ancient Asian games resembling football include Korea's *chuk-guk* and *kemari* in Japan, whereas variations in ancient Greece and Rome were a lot more violent. Q3]

C England is deemed the birthplace of football as we know it today. Even in Britain, however, there were initially wide variations in how the game was played from as early as the eighth century AD. It was not until the mid-19th century that The Football Association was formed, and rules were codified. This led to the development of the world's oldest football competition, the FA Cup, which was first contested in 1872. [That year, England and Scotland also contested the first international football match in front of 4,000 spectators. Q4] That would be considered a small crowd by current standards!

D [These days, football is regularly played by around 250 million people around the world, according to a FIFA survey published in 2001. Billions more of us watch the game via screens or in person. Its most coveted prize is arguably the World Cup, a quadrennial tournament initially held in 1930. This truly global sport spans over 200 countries. Q1] One of the reasons is that football can be played just about anywhere with very little equipment except for a ball or something to kick! Some Brazilian superstars famously learned how to play the game barefooted.

E [Occasionally, the 'beautiful game' has transcended sport. A legendary example came during a World War I ceasefire in 1914, when opposing soldiers put down their weapons to play football together at Christmas. More recently, Ivory Coast's national team helped arrange a civil war truce in 2006. Q2] Admittedly, passions sometimes spill over to create violence among fans, but this sport is generally celebrated for its power to unite people and promote peace.

그냥 오래된 보통 공놀이가 아니야!

A 사람들은 축구를 '아름다운 경기'라고 부르지만, 그것이 항상 아름다웠던 것은 아니다. 사실, 역사 속에서 보여지는 발로 차는 동작을 가진 몇몇 경기들은 잔인했다. 그러나 현대 축구(풋볼(football : 영국식 영어) 혹은 사커(soccer : 미국식 영어))는 전 세계 수백만의 팬들에게 삶의 방식이 되어 버렸다. 우선, 이 스포츠가 맨 처음 어떻게 시작되었는지 알아보자!

B 전 세계 축구의 총괄 단체인 FIFA는 이 경기의 기원을 '공을 차다'는 의미의 중국어 단어인 '츄슈(cuju)'가 쓰였던 때로 거슬러 올라간다. 이것은 기원전 206년에서 서기 220년 사이의 중국 한 왕조 시대에 성행했으며, 경기의 목표는 공을 차서 그물 안으로 넣는 것이었다. 축구를 닮은 다른 고대 아시아 경기들로는 한국의 축국(chuk-guk)과 일본의 게마리(kemari)가 포함되는 반면, 고대 그리스와 로마에서 행해진 변형된 모습의 축구는 훨씬 더 폭력적이었다.

C 오늘날 우리가 알고 있다시피 잉글랜드는 축구의 발상지로 여겨진다. 그러나 심지어 영국에서도, 이르게는 서기 8세기부터 초창기 축구의 변형된 모습들이 있었다. 19세기 중반에야 비로소 축구 협회(Football Association)가 결성되었고 규칙들이 성문화되었다. 이것은 세계의 가장 오래된 축구 대회인 FA컵의 발전으로 이어졌으며, 1872년에 최초로 대회가 열렸다. 그 해에 잉글랜드와 스코틀랜드 또한 4천 명의 관중들 앞에서 최초의 국제적인 축구 경기를 치렀다. 그것은 현재 기준으로는 적은 군중으로 여겨질 수도 있다!

D 2001년에 발표된 FIFA 조사에 따르면, 오늘날 축구는 전 세계 약 2억 5천만 명에 의해 정기적으로 행해진다. 우리를 포함한 수십억 명의 사람들이 화면을 통해서 혹은 직접 경기를 관람하기도 한다. 가장 탐내는 상은 틀림없이 월드컵(World Cup)으로, 1930년에 처음 개최되어 4년마다 열리는 토너먼트 경기이다. 이 진정으로 세계적인 스포츠는 200개가 넘는 국가들에 걸쳐 있다. 그 인기의 이유들 중 하나는 축구가 공 하나, 혹은 뭔가 찰 것을 제외한 다른 장비가 거의 필요치 않은 어디에서나 할 수 있는 운동이기 때문이다! 몇몇 브라질의 슈퍼 스타들이 맨발로 경기하는 법을 배웠다는 일화는 이미 유명하다.

E 때때로 이 '아름다운 경기'는 스포츠를 초월하기도 한다. 한 전설적인 예는 1914년 제1차 세계대전 휴전기에 있었던 일로, 크리스마스에 함께 축구를 하기 위해 대립하던 군인들이 자신의 무기를 내려놓았던 것이다. 좀 더 최근인 2006년에는, 코트디부아르(과거 아이보리코스트 공화국(Ivory Coast))의 국가대표팀이 내전의 휴전을 주선하는데 일조하는 일도 있었다. 물론, 가끔 열정이 넘쳐흐르는 팬들 사이에 폭력이 생기기도 하지만, 이 스포츠는 대체로 사람들을 단결시키고 평화를 장려하는 힘이 있다고 찬양 받는다.

Level : Easy ★

Vocabulary

brutal : 잔인한
trace one's origins : 기원을 추적하다
AD (Anno Domini) : 서기
variation : 변형, 변수, 변화
codify : 성문화하다, 기록하다
via : ~를 통해서 (= through)
arguably : 거의 틀림없이, 충분한 근거를 가지고 주장하건대
span over : 걸치다, 걸쳐서 지속되다, 걸쳐 이어지다
transcend : 초월하다
admittedly : 인정하건대, 물론

kick off : 시작하다
BC (before Christ) : 기원 전
object : 목적, 목표
be deemed A : A 라고 여겨지다
spectator : 관중
coveted : 탐내는
quadrennial : 4년마다의, 4년마다 열리는 행사
barefooted : 맨발의
ceasefire : 휴전 (= truce)

READING PASSAGE

Lighten up your mood

Some call it the winter blues. Seasonal Affective Disorder (SAD) is a mental illness that produces depression, affecting nearly 10 per cent of people in Alaska but less than 1.5 per cent of Florida's population. This is because SAD is quite literally associated with darkness. The closer you are to the poles, the shorter daylight hours become during the winter months - the time of year when SAD kicks in.

Unlike some animals that simply hibernate, most of us cannot just lock ourselves away in bed or even migrate to sunny Florida. However, if a lack of natural light is the problem, then artificial light may be the solution. But it is not as simple as just switching on any old lamp at home.

One of the key weapons in the fight against SAD could be a smarter kind of light. An example of this would be a bedside device that slowly simulates the light of dawn in the morning, regardless of how dark it is outside. In theory, this device acts as an alarm. Scientists have shown that using such a gadget can boost one's cognitive performance and mood for a whole day.

The theory itself is not particularly new. For decades, researchers have been looking into the benefits of artificial light. What is changing now is that dawn simulators are becoming smaller, more practical and stylish. So much so, that even people who do not experience SAD may be tempted to experiment. Even the British swimming, cycling and rowing teams use these so-called dawn simulators to prepare for their dreaded early morning training sessions!

The best approach is to use a device that works throughout the day, getting brighter in the morning and dimming towards the evening. Dawn light - even artificial - followed by darkness is a vital cycle that keeps our internal body clock ticking. If we expose ourselves to light all the time, including smartphones and computer screens, then we suppress the body's production of melatonin, a natural hormone that promotes sleep and good health. On the other hand, too little bright light leads to lower cortisol and serotonin levels, which is why we can end up with winter blues.

SAD sufferers should remember that artificial light is just one of the weapons against their condition, and adequate medical support is also important. No one should have to endure the winter blues for months on end.

Questions 1-5

Complete the summary below.

*Choose **ONE WORD ONLY** from the text for each answer.*

Write your answers in boxes 1-5 on your answer sheet.

How to fight against SAD

SAD, Seasonal Affective Disorder, is rather a common illness in Alaska due to the shorter **1** .... hours than that of Florida. Since human do not sleep all the way through winter like some animals, people can be helped by an **2** .... light as a solution. Not any light can ease the symptoms of SAD, but a **3** .... kind of light could do based on some previous scientific data. Some of the British sporting teams adopted this new trick called 'dawn **4** ....' to prepare themselves prior to the morning training sessions. However, we need to be careful not to overuse this lighting device as it might **5** .... the production of natural hormone such as melatonin and hinder sleep and good health.

Chapter 03

TEST 4 문제해석

Questions 1-5

Complete the summary below.

*Choose **ONE WORD ONLY** from the text for each answer.*

Write your answers in boxes 1-5 on your answer sheet.

각 문제의 답을 지문에서 찾아 **하나의 단어**로 작성하세요.

지문을 읽고 아래 요약문을 완성하세요.

How to fight against SAD

SAD, Seasonal Affective Disorder, is rather a common illness in Alaska due to the shorter **1** .... hours than that of Florida. Since human do not sleep all the way through winter like some animals, people can be helped by an **2** .... light as a solution. Not any light can ease the symptoms of SAD, but a **3** .... kind of light could do based on some previous scientific data. Some of the British sporting teams adopted this new trick called 'dawn **4** ....' to prepare themselves prior to the morning training sessions. However, we need to be careful not to overuse this lighting device as it might **5** .... the production of natural hormone such as melatonin and hinder sleep and good health.

SAD를 극복하는 방법

SAD라고 불리는 계절성 정서 장애는 플로리다보다 **1** .... 이 짧은 알래스카에서 더 흔히 발생하는 질병이다. 인간은 몇몇 동물처럼 동면에 들지 않기 때문에, **2** .... 조명을 해결책으로 도움을 받을 수도 있다. 아무 조명이나 SAD의 증상을 완화시켜줄 수 있는 것은 아니고, '**3** ....' 종류의 조명은 도움이 될 수도 있다는 과거 과학적 데이터가 있다. 어떤 영국의 스포츠팀들은 끔찍한 아침 훈련을 좀 더 수월히 준비하기 위해 '새벽 **4** ....'라고 불리는 새로운 방안을 도입했다. 하지만, 이러한 조명의 남용은 수면과 건강에 도움을 주는 멜라토닌과 같은 자연적인 호르몬의 생성을 **5** .... 수 있기 때문에 주의하여야 한다.

| Chapter 03 | **TEST 4 문제풀이** | |

> 유형
> **Summary** 지문의 내용을 요약한 문장의 빈칸을 채우는 주관식 문제

Level : Easy ★

1 daylight

Florida와 Alaska가 나온 부분을 찾고, 두 지역을 비교하기 위해 언급된 것이 무엇인지 파악한다. 언급된 것은 '인구', '어둠' 그리고 '낮 시간'이 있는데 이 중에서 '짧아지기 때문에 영향이 있는' 요소를 찾으면 된다. 빈 칸 바로 뒤에 나오는 hours를 힌트로 답을 찾아가도 무방하다.

2 artificial

지문에서 light가 여러 번 등장하지만 문제에 나온 'solution'에 더 집중하여 답을 찾으면 자연광이 아닌 인공광이 답이 된다는 것을 알 수 있다.

3 smarter

스마트 조명을 구체적으로 사용하고 어떤 효과를 통해 도움을 받는 지에 관한 예시가 나와있다. 'kind of light'가 직접적으로 언급된 부분을 찾으면 답을 바로 맞출 수 있다.

4 simulator

영국 스포츠팀이 언급된 곳을 찾고, 아침 훈련을 준비하기 위해 어떤 속임수를 쓰고 있는지를 찾아보자. 문제에 있는 'trick'이라는 단어의 활용을 주목한다.

5 suppress

인공 조명의 사용 방법을 추천하면서도 주의해야 할 점을 알려주는 다섯번째 단락에는 다양한 호르몬의 이름이 나온다. 그 가운데 수면 및 건강과 관련이 있는 호르몬을 찾고, 어떠한 영향을 주는지를 찾아보자.

Lighten up your mood

Some call it the winter blues. Seasonal Affective Disorder (SAD) is a mental illness that produces depression, affecting nearly 10 per cent of people in Alaska but less than 1.5 per cent of Florida's population. This is because SAD is quite literally associated with darkness. The closer you are to the poles, the shorter **daylight Q1** hours become during the winter months - the time of year when SAD kicks in.

Unlike some animals that simply hibernate, most of us cannot just lock ourselves away in bed or even migrate to sunny Florida. However, if a lack of natural light is the problem, then **artificial Q2** light may be the solution. But it is not as simple as just switching on any old lamp at home.

One of the key weapons in the fight against SAD could be a **smarter Q3** kind of light. An example of this would be a bedside device that slowly simulates the light of dawn in the morning, regardless of how dark it is outside. In theory, this device acts as an alarm. Scientists have shown that using such a gadget can boost one's cognitive performance and mood for a whole day.

The theory itself is not particularly new. For decades, researchers have been looking into the benefits of artificial light. What is changing now is that dawn simulators are becoming smaller, more practical and stylish. So much so, that even people who do not experience SAD may be tempted to experiment. Even the British swimming, cycling and rowing teams use these so-called dawn **simulators Q4** to prepare for their dreaded early morning training sessions!

The best approach is to use a device that works throughout the day, getting brighter in the morning and dimming towards the evening. Dawn light - even artificial - followed by darkness is a vital cycle that keeps our internal body clock ticking. If we expose ourselves to light all the time, including smartphones and computer screens, then we **suppress Q5** the body's production of melatonin, a natural hormone that promotes sleep and good health. On the other hand, too little bright light leads to lower cortisol and serotonin levels, which is why we can end up with winter blues.

SAD sufferers should remember that artificial light is just one of the weapons against their condition, and adequate medical support is also important. No one should have to endure the winter blues for months on end.

당신의 기분에 불을 밝혀보세요.

어떤 사람들은 이것을 겨울 우울증이라고 부른다. 계절성 정서 장애(Seasonal Affective Disorder : SAD)는 우울증을 발생시키는 정신 질환이며, 알래스카(Alaska)에 거주하는 거의 10퍼센트에 달하는 주민에게 영향을 미치지만, 플로리다(Florida)에서는 1.5퍼센트 이하의 인구에게만 영향을 미친다. 이것은 SAD가 말 그대로 어둠과 관련이 있기 때문이다. 극지방에 가까워질수록, 겨울철 일조 시간은 점점 짧아진다 – 일년 중 이때가 SAD가 침입하는 시기이다.

단순히 겨울잠에 들어가는 몇몇 동물과는 다르게 인간의 대부분은 침대에 틀어박혀 있거나 햇살이 내리쬐는 플로리다로 이주해 버릴 수는 없다. 그러나, 만약 자연광 부족이 문제라면 인공 조명이 해결책이 될 수 있다. 하지만 이것은 집에 있는 아무 전등이나 켜는 것처럼 간단한 것은 아니다.

SAD를 물리치는 핵심 무기들 중의 하나는 더 스마트한 종류의 조명이다. 하나의 예로, 바깥의 어둑함과는 상관없이 아침으로 넘어가는 새벽빛을 천천히 모방하는 침대 옆 조명 장치를 들 수 있다. 이론상으로, 이 장치는 알람(자명종) 역할을 한다. 과학자들은 그러한 도구를 사용하는 것이 하루의 인지 수행과 기분을 증진시킬 수 있다는 점을 보여주었다.

이 이론 자체는 특별히 새로운 것은 아니다. 수십 년 동안, 연구자들은 인공 조명의 이점들을 조사해오고 있다. 지금 보이는 변화는 새벽 시뮬레이터 장치가 점점 작아지고 실용적이며 세련되어지고 있다는 것이다. 그렇기 때문에 SAD를 겪지 않는 사람들도 이 장치를 이용(실험)하고 싶을 수 있다. 심지어 영국의 수영, 사이클링, 조정 팀도 끔찍하게 두려운 이른 아침 훈련 세션을 준비하기 위해 이른바 새벽 시뮬레이터를 사용한다!

가장 좋은 접근법은 하루 종일 조명을 작동시키며 아침에는 점점 밝아지고 저녁에는 어두워지도록 하는 것이다. 인공적이라 할지라도 어둠 뒤에 나타나는 새벽 빛은 우리 내부의 신체 시계를 계속 째깍거리며 돌아가도록 해주는 순환과 같다. 만약 우리가 항상 스마트폰과 컴퓨터 스크린과 같은 빛에 노출되어 있다면, 수면과 건강을 증진시키는 천연 호르몬인 멜라토닌의 생성을 억제하고 있는 것과 다름없다. 반면, 너무 적은 양의 빛은 코르티솔과 세로토닌의 수치를 떨어지게 하여 결국 겨울 우울증을 앓게 된다.

SAD환자들은 인공 조명이 그들의 증상을 개선시킬 방법(무기)들 중 단지 하나일 뿐이며 적절한 치료도 중요하다는 것을 명심해야 한다. 어느 누구도 겨울 우울증을 수개월 동안 견뎌낼 필요는 없다.

Level : Easy ★

 Vocabulary

depression : 우울함
literally : 글자 그대로, 그야말로
kick in : 효과가 나타나기 시작하다
migrate : 이주하다, 이동하다
simulate : ~하는 척하다, 가장하다, 시뮬레이션 하다
cognitive performance : 인지수행
dreaded : 끔찍한, 두려운, 무서운
end up with N : 결국 ~로 끝나다, 결국 ~하게 되다

population : 인구, 주민
associated : 관련된, 연관된
hibernate : 겨울잠을 자다
artificial : 인공적인
gadget : (휴대가 용이한 사이즈의) 도구
be tempted to N : ~하고 싶어지다, ~하도록 유혹되다, 설득되다
suppress : 억누르다, 진압하다, 참다
adequate : 충분한, 적절한

TEST 5

READING PASSAGE

Save up for the Lamborghini of the chicken world

A   Most shoppers would probably baulk at $25 for a chicken. So how about $2,500? It seems like a ridiculous price tag, but that is what discerning consumers in the United States have been asked to pay for the unusual Indonesian breed Ayam Cemani. Like Lamborghinis and other glorious sports cars, this bird demands buyers with money to burn.

B   Named after a village in central Java, the *Ayam Cemani* chicken is so unusual because it is completely black - including its feathers, beak, meat and organs. Some people even claim the bird's blood is black, or considerably darker than would normally be expected in poultry. The reason why it has such dark colouring can be explained by a genetic condition called fibromelanosis, which drives the proliferation of black pigment cells. It is almost surprising then to find that its eggs are not also black, but rather the colour of milky coffee.

C   Needless to say, this bird must have been a very curious finding for Dutch colonial settlers, who first described the breed to the outside world. But the *Ayam Cemani* chicken has long been used by locals in rituals because of its reported mystical powers. Some people believe that eating its meat is a way of clearing one's conscience, while others see sacrificing the bird as a source of good luck to women during childbirth. Extra fortune apparently comes from hearing it crow.

D   Although rational minds might scoff at paying so much for the benefits listed above, the *Ayam Cemani* is also prized for its health-boosting qualities. For example, its meat is considered higher in iron than regular chicken, which would legitimately be good for women before and after giving birth. As for taste, it is said to be gamier than the poultry one would find in a standard supermarket. An additional factor to bear in mind is that it does not actually produce much meat, and it suits slow cooking as opposed to frying.

E   Certainly, this bird falls into the luxury poultry category for consumers in countries like the U.S. Limited supply keeps the cost of the *Ayam Cemani* high in certain foreign markets. However, curious gastronomes can enjoy far cheaper prices if they head to Indonesia and try an *Ayam Cemani* dish in the chicken's natural environment. Whether such food tourists return home with a clean conscience or not, they will probably save a few dollars and still get a holiday to go with their meal!

Questions 1-5

The text has five sections, **A-E**.

Which section contains the following?

Write the correct letter, **A-E**, in boxes 1-5 on your answer sheet.

NB You may choose any letter more than once.

1   The look of the unusual bird and its genetic explanation
2   The nutritional benefits of the special chicken and the recommended style of cooking
3   The only thing of Ayam Cemani which is not black
4   The local beliefs related to the mystical bird
5   The price of Ayam Cemani in the States

Chapter 03 — TEST 5 문제해석

Questions 1-5

The text has five sections, **A-E**.

Which section contains the following?

Write the correct letter, **A-E**, in boxes 1-5 on your answer sheet.

NB You may choose any letter more than once.

이 지문은 A에서 E까지의 다섯 단락으로 구성되어 있습니다.

아래 보기의 정보를 포함하는 단락의 알파벳을 찾아 답을 작성하세요.

한 번 이상 선택되는 단락이 있을 수도 있습니다.

1. The look of the unusual bird and its genetic explanation
   비범한 새의 생김새와 이에 대한 유전적 설명

2. The nutritional benefits of the special chicken and the recommended style of cooking
   이 특별한 닭이 가진 영양상의 이점들과 권장 조리법

3. The only thing of Ayam Cemani which is not black
   아얌 쯔마니에 관한 것 중 검정색이 아닌 것

4. The local beliefs related to the mystical bird
   이 신비한 새에 관한 현지인들의 믿음들

5. The price of Ayam Cemani in the States
   미국에서의 아얌 쯔마니의 가격

Chapter 03 TEST 5 문제풀이

Information 키워드가 어느 단락에서 나왔는지를 찾는 객관식 문제

1 B
온 몸이 까만색인 비범한 새, 아얌 쯔마니의 생김새와 이에 대한 유전적인 설명은 단락 B에 등장한다. 검정색 색소가 생성되어 세포로 퍼지는 특징 때문에 머리부터 발 끝, 그리고 내장 기관들도 검정색이라고 한다.

2 D
아얌 쯔마니는 건강에도 좋은 것으로 알려져서 산모들의 몸보신을 위한 요리에 사용되었다고 한다. 일반 닭고기 보다 철분이 많은 것이 특징이며, 튀기는 것 보다는 삶거나 조리는 등의 슬로우 쿠킹에 더 적합하다는 내용을 단락 D에서 찾을 수 있다.

3 B
온 몸과 내장까지 검정색인 와중에 단 한 가지 검은색이 아닌 것이 있다면 바로 밀크 커피색을 띄는 아얌 쯔마니의 알이다. 단락 B에서 내용을 찾을 수 있다.

4 C
아얌 쯔마니는 현지인들에게 신비한 힘이 있는 존재로 여겨져 다양한 의식에 사용되었다. 한 사람의 양심을 맑게 해준다거나, 아이가 태어날 때에 행운을 가져다주는 등의 믿음을 받았던 것으로 보인다.

5 A
아얌 쯔마니의 구매 가격으로 미국에서, 그것도 안목이 있는 까다로운 소비자들에게 제시되었던 2,500달러라는 숫자가 단락 A에 등장한다. 명품 자동차인 람보르기니에 비유되기도 했다.

Save up for the Lamborghini of the chicken world

A Most shoppers would probably baulk at $25 for a chicken. [So how about $2,500? It seems like a ridiculous price tag, but that is what discerning consumers in the United States have been asked to pay for the unusual Indonesian breed *Ayam Cemani*. Q5] Like Lamborghinis and other glorious sports cars, this bird demands buyers with money to burn.

B Named after a village in central Java, [the *Ayam Cemani* chicken is so unusual because it is completely black - including its feathers, beak, meat and organs. Some people even claim the bird's blood is black, or considerably darker than would normally be expected in poultry. The reason why it has such dark colouring can be explained by a genetic condition called fibromelanosis, which drives the proliferation of black pigment cells. Q1] [It is almost surprising then to find that its eggs are not also black, but rather the colour of milky coffee. Q3]

C Needless to say, this bird must have been a very curious finding for Dutch colonial settlers, who first described the breed to the outside world. But the *Ayam Cemani* chicken has long been used by locals in rituals because of its reported mystical powers. [Some people believe that eating its meat is a way of clearing one's conscience, while others see sacrificing the bird as a source of good luck to women during childbirth. Extra fortune apparently comes from hearing it crow. Q4]

D Although rational minds might scoff at paying so much for the benefits listed above, the *Ayam Cemani* is also prized for its health-boosting qualities. For example, [its meat is considered higher in iron than regular chicken, which would legitimately be good for women before and after giving birth. As for taste, it is said to be gamier than the poultry one would find in a standard supermarket. An additional factor to bear in mind is that it does not actually produce much meat, and it suits slow cooking as opposed to frying. Q2]

E Certainly, this bird falls into the luxury poultry category for consumers in countries like the U.S. Limited supply keeps the cost of the *Ayam Cemani* high in certain foreign markets. However, curious gastronomes can enjoy far cheaper prices if they head to Indonesia and try an *Ayam Cemani* dish in the chicken's natural environment. Whether such food tourists return home with a clean conscience or not, they will probably save a few dollars and still get a holiday to go with their meal!

닭고기계의 람보르기니를 위해 돈을 모아두세요.

A 대부분의 소비자들은 닭 한 마리에 25달러라고 한다면 아마도 구매를 망설일 것이다. 그렇다면 2,500달러는 어떠한가? 믿을 수 없는 가격으로 보이지만 미국의 안목 있는 소비자들이 비범한 인도네시아의 닭 품종인 아얌 쯔마니를 위해 지불하도록 요구된 액수이다. 람보르기니와 같은 훌륭한 스포츠카들처럼, 이 새는 돈이 남아도는 구매자들의 욕구를 자극한다.

B 중앙 자바의 한 마을의 이름을 딴 '아얌 쯔마니 닭'은 깃털, 부리, 고기, 내장 등이 완전히 검은색인 특이한 외모를 지니고 있다. 어떤 사람들은 심지어 그 새의 피도 검은색, 혹은 가금류의 피라고 보통 예상하는 것보다도 상당히 짙은 색이라고 주장한다. 어두운 색을 띠는 이유는 fibromelanosis라고 불리는 유전적 특징에 의해 설명될 수 있는데, 이것은 검은 색소 세포의 증식을 촉진한다. 더욱 놀라운 것은, 이 새의 알은 검은색이 아니라 밀크 커피색이라는 것이다.

C 말할 필요도 없이, 이 새는 외부 세계에 이 종을 처음 묘사한 네덜란드 식민지 개척자들에게 매우 흥미로운 발견이었을 것이다. 그러나 아얌 쯔마니가 가진 신비한 힘이라고 구전되던 믿음 때문에 이 새는 오랫동안 현지인들의 의식에 사용되어 왔다. 어떤 사람들은 그 고기를 먹는 것이 한 사람의 양심을 맑게 하는 방법이라고 믿는 반면, 다른 사람들은 출산하는 여성에게 행운을 가져다 주는 매개체로 바치기도 한다. 넘치는 재력은 이 새가 우는 소리를 듣는 데서 온다고 말하기도 한다.

D 위에 나열된 좋은 점들을 위해 그렇게나 많은 돈을 지불하는 것에 대하여 이성적인 사람들은 조롱할 수도 있지만, 아얌 쯔마니는 또한 건강에 관한 효능 때문에 귀중히 여겨진다. 예를 들어, 이 새의 고기는 일반 닭고기보다 철분이 더 많이 함유된 것으로 알려져있는데, 이것은 출산 전후 여성에게는 당연히 좋을 것이다. 맛에 관해서는, 일반 슈퍼마켓에서 찾을 수 있는 가금류보다 더 향미가 좋다고 한다. 유념해야 할 또 다른 요소는 실제로 나오는 고기의 양이 많지 않으며, 튀기는 것보다는 천천히 조리하는 것이 적합하다는 것이다.

E 확실히 이 새는 미국과 같은 나라의 소비자들을 위한 고급 가금류 범주에 속한다. 제한된 공급량은 특정 외국 시장에서 거래되는 아얌 쯔마니의 가격을 높게 유지시키고 있다. 하지만 호기심이 많은 미식가들이 인도네시아 현지에 방문하여 아얌 쯔마니 요리를 먹어본다면 훨씬 더 저렴한 가격에 즐길 수도 있다. 그러한 미식 관광객들이 깨끗한 양심을 가지고 집으로 돌아오든 말든, 그들은 아마도 몇 달러를 절약할 것이고 여전히 그들의 식사를 즐길 휴가를 보낼 수 있을 것이다!

Vocabulary

baulk : 멈칫거리다, 꺼리다
poultry : 가금류 (닭, 오리, 거위 등)
ritual : 의례, 의식 절차
apparently : 분명히
legitimately : 합법적으로, 정당하게
opposed to : ~에 반대하는
ridiculous : 터무니없는, 말도 안 되는
proliferation : 급증, 확산
conscience : 양심, 가책
rational : 이성적인, 합리적인
gamy : 고기 향미가 나는
gastronome : 미식가, 식도락가
discerning : 안목이 있는
pigment : 색소, 안료
sacrifice : 희생하다
scoff : 조롱하다
bear in mind : 명심하다, 유념하다

READING PASSAGE

The Beach : return to paradise

A "I still believe in paradise," Leonardo DiCaprio's character Richard insists in The Beach, a 2000 movie based on the Alex Garland novel of the same name. The book describes an untouched island in the Gulf of Thailand featuring an almost mythical beach, where much of the action takes place. The production team that turned The Beach into a movie had to choose an actual location for filming. They settled on Maya Bay, which can be found in the Andaman Sea on Phi Phi Leh Island. However, this decision sparked so much interest that Thai tourism officials had to make a tough choice: to close the beach to visitors for four months.

B Thailand is certainly not alone in restricting tourists in order to preserve natural beauty. The Philippines' move to shut down Boracay Island for six months, for example, came as President Rodrigo Duterte lamented that its waters had become like a cesspool. Yet the announcement that Maya Bay's popularity would also have to be stemmed by closing off the area for a third of the year was not entirely welcomed. Many ordinary Thai people are reliant on tourism income, and anyone would feel stung by the loss of their primary source of earnings. So, there must have been good reasons for officials to intervene and protect Maya Bay.

C The reality is that this pristine location had probably needed a break ever since a Hollywood film crew first stepped on its white sands back in 1999. 20th Century Fox was blamed for the production team's alteration of Maya Bay to make it look more like the hidden beach described in the book. Natural features including sand dunes and coconut trees fell victim to this process. Despite putting money aside to reproduce the original setting, Fox was hit by lawsuits claiming the local ecosystem was permanently damaged. Furthermore, an inevitable tidal wave of tourism interest generated by the movie's release led to even more problems, such as the destruction of coral due to sediment being disturbed by speedboats.

D The hope is that Maya Bay will be rejuvenated in the same fashion as Yoong Island and Tachai Island, both of which saw the return of sea life and coral following tourist restrictions. Even when Maya Bay is open for business, a cap of 2,000 visitors a day theoretically halves the tourism impact.

E It is a bitter pill for Thailand's tourism industry to swallow, but the medicine should produce a brighter future for all concerned. As for travellers who have had their plans dashed, they might remember how DiCaprio's Richard defined paradise in the end : "Now at least I know it's not some place you can look for, 'cause it's not where you go. It's how you feel for a moment in your life when you're part of something, and if you find that moment... it lasts forever."

Questions 1-5

Choose the correct letter **A**, **B**, or **C**.

1. What is the decision that Thai government had to make for Maya Bay?
   - **A** To financially support the locals reliant on tourism.
   - **B** To allow the movie production team to stay for long.
   - **C** To stop receiving tourists for a third of the year.

2. Which of the below tourist spots is not mentioned in the passage?
   - **A** Coral Island
   - **B** Tachai Island
   - **C** Boracay Island

3. Which one best describes the main concern of the local people's lives around Maya Bay?
   - **A** Losing their major income
   - **B** Rejuvenating the marine life
   - **C** Sharing the profit of The Beach

4. Which one is NOT the damage related to The Beach production team?
   - **A** Making changes on sand dunes and coconut trees
   - **B** Breaking down local ecosystem for forever
   - **C** Introducing the speedboats as a new tourist activity

5. What will be the most probable action taken by the officials when Maya Bay reopens?
   - **A** To limit the daily number of visitors
   - **B** To bring up a new business
   - **C** To introduce Yoong and Tachai Island

Chapter 05 TEST 6 문제해석

Questions 1-5

Choose the correct letter **A**, **B**, or **C**.
A, B, 혹은 C의 보기 중 답을 고르세요.

1   What is the decision that Thai government had to make for Maya Bay?
    태국 정부가 마야 베이를 위해 내린 결정은 무엇입니까?
    A   To financially support the locals reliant on tourism.   관광업에 의존하는 사람들에 대한 재정적 지원
    B   To allow the movie production team to stay for long.   영화 제작팀의 체류를 허가
    C   To stop receiving tourists for a third of the year.   1년의 1/3에 해당하는 기간동안 관광객 입장 정지

2   Which of the below tourist spots is not mentioned in the passage?
    지문에서 다음 중 언급되지 않은 관광지는 어느 곳 입니까?
    A   Coral Island   산호 섬
    B   Tachai Island   타차이 섬
    C   Boracay Island   보라카이 섬

3   Which one best describes the main concern of the local people's lives around Maya Bay?
    마야 베이 주변의 현지인들의 삶과 관련된 주된 우려를 가장 잘 설명한 보기는 다음 중 무엇입니까?
    A   Losing their major income   주요 수입을 잃는 것
    B   Rejuvenating the marine life   해양 생태를 되살리는 것
    C   Sharing the profit of The Beach   영화 The Beach의 흥행 수익을 공유하는 것

4   Which one is NOT the damage related to The Beach production team?
    The Beach 영화 제작팀과 관련된 피해의 내용이 아닌 것은 무엇입니까?
    A   Making changes on sand dunes and coconut trees   모래 언덕과 코코넛 나무에 변화를 가한 것
    B   Breaking down local ecosystem for forever   영구적으로 지역 생태계를 파괴한 것
    C   Introducing the speedboats as a new tourist activity   새로운 관광 액티비티로 보트를 도입한 것

5   What will be the most probable action taken by the officials when Maya Bay reopens?
    마야 베이가 재개장 할 때 정부가 취할 조치로 가장 가능성이 높은 것은 무엇입니까?
    A   To limit the daily number of visitors   일일 방문객 수를 제한하는 것
    B   To bring up a new business   새로운 사업을 육성하는 것
    C   To introduce Yoong and Tachai Island   융 섬과 타차이 섬을 소개하는 것

Chapter 05 TEST 6 문제풀이

Multiple Choice 문제의 답을 보기에서 고르는 객관식 문제

Level : Easy ★

1 C
Multiple Choice 유형에서 자주 접할 수 있는 형태로 실제 내용은 True/False/Not Given에 가까운 문제이다. 그런 맥락에서 세 개의 보기를 판단해보면, A는 지역 관광업을 언급하긴 했지만 정부가 내린 재정적 조치에 대한 내용은 찾을 수 없으며, B 또한 영화 제작팀의 장기 체류를 허가했다는 내용은 나오지 않는다. C의 경우 첫 문단을 통해 마야 베이를 4개월 동안 폐쇄하기로 했다는 내용을 확인하고 답으로 적는다.

2 A
지문에서 유명한 관광지 몇 곳이 등장하는데, Coral Island는 등장하지 않지만 B와 C는 지문 D와 B에서 각각 언급된다.

3 A
마야 베이는 유명한 관광지로 현지인들이 관광업에 종사하는 경우가 많은데, 그들의 생계를 우려해서라도 폐쇄하는 조치를 내리긴 쉽지 않았을 것이다. 현지인들의 생계와 관련이 있는 A를 답으로 적고, 'be reliant on tourism income'과 'their primary source of earnings'와 같은 주요 표현들을 숙지하도록 하자

4 C
The Beach 영화 제작팀은 이미 그들이 마야 베이에 발을 들인 1999년부터 섬의 생태계에 위협을 가했다고 필자는 말하고 있다. 그들이 머무를 때, 그리고 떠난 후 영화가 개봉했을 때까지 지속적인 피해가 섬에 가해졌는데 C의 경우, 스피드 보트라는 단어가 등장하기 하지만 보트의 운행으로 인한 산호초들에 대한 피해가 서술되어 있을 뿐, 관광 사업 아이템으로써 도입되었다는 내용은 찾을 수 없다.

5 A
마야 베이는 폐쇄 조치 이후의 상황을 예상하며 어떤 조치를 취해야 할 지 연구했는데, 이 중 나온 가장 특징적인 조치는 하루 입장객을 2천명으로 제한하는 것이었다. 해당 내용이 서술된 A를 답으로 적는다.

TEST 6 PASSAGE

(Q1~5 : Multiple Choice 유형)

The Beach : return to paradise

A "I still believe in paradise," Leonardo DiCaprio's character Richard insists in The Beach, a 2000 movie based on the Alex Garland novel of the same name. The book describes an untouched island in the Gulf of Thailand featuring an almost mythical beach, where much of the action takes place. The production team that turned The Beach into a movie had to choose an actual location for filming. They settled on Maya Bay, which can be found in the Andaman Sea on Phi Phi Leh Island. However, this decision sparked so much interest that [Thai tourism officials had to make a tough choice : to close the beach to visitors for four months. Q1]

B Thailand is certainly not alone in restricting tourists in order to preserve natural beauty. The Philippines' move to shut down Boracay Island for six months, for example, came as President Rodrigo Duterte lamented that its waters had become like a cesspool. Yet the announcement that Maya Bay's popularity would also have to be stemmed by closing off the area for a third of the year was not entirely welcomed. [Many ordinary Thai people are reliant on tourism income, and anyone would feel stung by the loss of their primary source of earnings. Q3] So, there must have been good reasons for officials to intervene and protect Maya Bay.

C The reality is that this pristine location had probably needed a break ever since a Hollywood film crew first stepped on its white sands back in 1999. [20th Century Fox was blamed for the production team's alteration of Maya Bay to make it look more like the hidden beach described in the book. Natural features including sand dunes and coconut trees fell victim to this process. Despite putting money aside to reproduce the original setting, Fox was hit by lawsuits claiming the local ecosystem was permanently damaged. Furthermore, an inevitable tidal wave of tourism interest generated by the movie's release led to even more problems, such as the destruction of coral due to sediment being disturbed by speedboats. Q4]

D [The hope is that Maya Bay will be rejuvenated in the same fashion as Yoong Island and Tachai Island, both of which saw the return of sea life and coral following tourist restrictions. Q2] [Even when Maya Bay is open for business, a cap of 2,000 visitors a day theoretically halves the tourism impact. Q5]

E It is a bitter pill for Thailand's tourism industry to swallow, but the medicine should produce a brighter future for all concerned. As for travellers who have had their plans dashed, they might remember how DiCaprio's Richard defined paradise in the end : "Now at least I know it's not some place you can look for, 'cause it's not where you go. It's how you feel for a moment in your life when you're part of something, and if you find that moment... it lasts forever."

The Beach : 낙원으로 돌아가기

A   "나는 여전히 낙원을 믿는다"고 레오나르도 디카프리오가 연기한 리차드는 알렉스 갈랜드의 소설을 원작으로 한 2000년 개봉 영화 'The Beach(더 비치)'에서 말한다. 이 소설은 신비로운 해변이 있는, 그 누구도 다녀가지 않은 듯한 태국의 한 섬을 묘사하는데, 이 곳에서 대부분의 장면이 촬영되었다. '더 비치'를 영화로 만든 제작진은 실제 촬영을 위한 장소를 선택해야 했다. 그들은 피피레 섬의 안다만 해에 있는 마야 베이에 정착했다. 그러나 이 결정은 너무 많은 관심을 불러일으켰기 때문에 태국 관광 관계자들은 4개월 동안 방문객들에게 해변을 폐쇄하는 어려운 선택을 해야 했다.

B   자연의 아름다움을 보존하기 위해 관광객을 제한하는 것은 태국 뿐만이 아니다. 예를 들어, 보라카이 섬을 6개월 동안 폐쇄하려는 필리핀의 움직임은 로드리고 두테르테 대통령이 보라카이 섬의 물이 하수구처럼 되었다고 한탄하면서 이루어졌다. 그러나 그 해의 3분의 1에 해당하는 기간동안 마야 베이를 폐쇄하여서라도 그 인기가 억제되어야 한다는 발표는 완전한 환영을 받지는 못했다. 많은 태국 서민들은 관광 수입에 의존하고 있고, 누구든지 그들의 주요 수입원의 상실에 대해 고통을 느낄 것이다. 그러므로, 정부 관계자들이 개입하여 마야 해변을 보호할 충분한 이유가 있어야 했다.

C   실제로는, 1999년에 헐리우드 영화 제작진이 처음으로 백사장을 밟은 이후부터 이 장소는 휴식이 필요했을 것이다. 20세기 폭스사는 소설에 묘사된 숨겨진 해변처럼 제작진이 이 곳을 뜯어 고치고 변경한 것에 대한 비난을 받았다. 그 과정에서 모래 언덕과 코코넛 나무를 포함한 자연적 특징들이 희생되었다. 원래 환경을 재현하기 위한 예산을 배정했음에도 불구하고, 20세기 폭스사는 지역 생태계가 영구적으로 손상되었다고 주장하는 소송에 의해 타격을 받았다. 게다가 영화 개봉 이후 더욱 밀려든 관광객들의 관심은, 스피드보트가 헤쳐놓은 퇴적물로 인한 산호 파괴와 같은 훨씬 더 많은 문제를 야기했다.

D   마야 베이가 희망하는 것은, 관광객을 제한함으로써 해양 생물과 산호가 돌아온 융 섬, 타차이 섬과 같이 다시 활기를 되찾는 것이다. 심지어 마야 베이가 관광객을 받을 때에도 하루 최대 입장객을 2,000명으로 제한한다면 관광에 미치는 영향이 이론 상 절반으로 줄어든다.

E   태국 관광 업계가 삼켜야 할 쓰라린 약이지만, 이 약은 모든 관련자들에게 더 밝은 미래를 만들어 줄 것이다. 이 곳을 방문하려는 계획이 무산된 여행자들은 디카프리오가 연기한 리차드가 결론적으로 낙원을 어떻게 정의했는지 기억할 것이다. "적어도 나는, 이제 그 곳이 당신이 찾을 수 있는 곳이 아니라는 것을 안다. 왜냐하면 거기는 당신이 가는 곳이 아니기 때문이다. 낙원은 당신이 어떤 것의 일부가 될 때 느끼는 순간이며, 만약 당신이 그 순간을 발견한다면... 영원히 지속될 것이다."

Level : Easy ★

Vocabulary

insist : 주장하다, 고집하다
turn A into B : A를 B로 만들다, 변화시키다
preserve : 보존하다, 지키다
cesspool : 오수 구덩이
be reliant on : ~에 의존하다, 의지하다
pristine : 자연 그대로의, 새 것 같은
release : (영화의) 개봉, 공개
rejuvenate : 활기를 되찾게 하다, 다시 젊어 보이게 하다
dash : 좌절시키다

untouched : 훼손되지 않은, 본래 그대로의
spark : 불꽃이 튀게 하다, 촉발시키다
lament : 슬퍼하다, 애통하다
stem : 막다, 저지하다
intervene : 개입하다, 끼어들어 조정하다
alteration : 변경, 개조
sediment : 침전물, 앙금
halve : 반으로 줄다

Chapter 04

Reading Test 7~13
Level : Intermediate ★★☆

- Writing과 Speaking 시험에서도 빈출되는 주제를 가진 고품격 지문 총 7개
- 다소 높은 독해력과 풍부한 어휘를 요구하는 총 50개의 문제 수록
- 지문 전체를 꼼꼼히 읽으며 정확한 정보를 찾는 위주로 문제를 풀어보자.
- 이 난이도의 모든 문제를 맞춰야 최소 6.5 달성 가능!

Roving to find life on Mars

Ever since polar ice caps were first spotted on Mars in the 17th century, people have been intrigued by the question of whether there is life on the so-called Red Planet. Fuelled by artists' imaginations, we wonder whether green Martians might be going about their business millions of miles away - even though life on Mars is more likely to be microscopic if it exists at all.

Scientists investigating Mars made a big leap in 1976, when the American Viking 1 lander reached the Red Planet's surface. It was the first spacecraft to send back images of Mars. While it must have been breathtaking for scientists to behold red Martian rocks and dust, there was no sign of little green men!

Within a few decades, hopes of finding life on Mars shifted to Curiosity, a car-sized robotic vehicle known as a rover. It started searching the planet's 3.8 billion year-old Gale Crater area on August 6, 2012, and has continued roving for thousands of sols, or solar days which last nearly 40 minutes longer than a day on Earth!

But has Curiosity taken us closer to answering the big question about life on Mars? Thanks to this six-wheeled rover, we can at least say Mars was once habitable. For instance, the discovery of mudstone in the Gale Crater suggests there was once a large lake there, which might have supported life. Moreover, high levels of manganese oxide in crater rocks indicate the past presence of oxygen.

Another big step for Curiosity came in 2017, when it detected boron. This element can help form RNA, or ribonucleic acid, which is an essential part of all living cells. The rover's discovery of other important chemical ingredients in Mars' soil, such as sulfur and phosphorus, allows scientists to build a realistic picture of a planet that was once wet, relatively warm and perhaps home to microbial life.

Newer models of rovers will probably offer us more breakthroughs because they will be equipped with an even wider array of measuring tools, including the ability to send back high resolution and 3D images. Further data will also be able to tell us whether there will one day be life on the Red Planet! After all, manned missions to Mars are just around the corner and the first pioneers will need as much information as possible for their survival. Therefore, rovers such as Curiosity are not just researching a distant planet's past - they could be saving lives there in the future!

Questions 1-5

Complete the table below.

Choose **NO MORE THAN TWO WORDS OR A NUMBER** from the text for each answer.

The journey to find life on Mars and its future

Time/Year	Space Rover	Findings
17th century	Not known	**1** .... were first spotted near the poles.
2	Viking 1	The images of red rocks and dust
2012	Curiosity (searched around **3** .... area which was 3.8 billion years old.)	Evidence of habitability such as a large lake and high levels of manganese oxide.
2017	Curiosity	Detection of some important chemicals including boron, the crucial part of forming **4** ....
Future	Not known yet	Expected to get the **5** .... photos and 3D images. Manned mission projects are also in plan.

Chapter 04

TEST 7 문제해석

Questions 1-5

Complete the table below.

Choose **NO MORE THAN TWO WORDS OR A NUMBER** from the text for each answer.

지문에서 각 문제의 답을 **두 단어가 넘지 않게 혹은 하나의 숫자**로 찾아 아래 표를 완성하세요.

The journey to find life on Mars and its future

Time/Year	Space Rover	Findings
17th century	Not known	**1** .... were first spotted near the poles.
2	Viking 1	The images of red rocks and dust
2012	Curiosity (searched around **3** .... area which was 3.8 billion years old.)	Evidence of habitability such as a large lake and high levels of manganese oxide.
2017	Curiosity	Detection of some important chemicals including boron, the crucial part of forming **4** ....
Future	Not known yet	Expected to get the **5** .... photos and 3D images. Manned mission projects are also in plan.

화성의 생명체를 찾으려는 여정과 미래

시간/연도	우주 탐사선	발견들
17세기	알려지지 않음	극 지방에서 **1** .... 이 처음으로 발견됨
2	바이킹 1호	붉은 암석과 먼지의 촬영물
2012년	큐리오시티호 (38억년된 **3** .... 지역을 탐사함)	큰 호수, 높은 산화 망간 수치와 같은 생명 서식의 흔적
2017년	큐리오시티호	**4** .... 를 형성하는 데에 없어서는 안 될 붕소와 같은 몇몇 중요한 화학 물질의 탐지
미래	아직 모름	**5** .... 의 사진과 3D 이미지를 받을 것으로 기대됨. 유인 탐사 프로젝트도 기획 중

Chapter 04 TEST 7 문제풀이

Table 표의 빈칸을 채우는 주관식 문제

1 Ice caps
시간 순서대로 화성 탐사의 여정을 나열했을 때, 가장 먼저 발견된 것은 화성 극지방의 만년설이었다. 'polar'가 'near the poles'로 paraphrasing 되었음에 주의하여 이 단어를 제외한 'ice caps'만 기재한다. 일반 명사이기에 대소문자는 크게 상관이 없지만, 해당 칸에서 처음으로 나오는 단어이므로 i를 대문자로 써주면 좋다.

2 1976
바이킹 1호의 탐사 실적이 채워져 있으며, 이 발견이 일어났던 연도를 묻는 문제였다. 지문에서 바이킹 1호와 관련된 연도를 찾아서 작성한다.

3 Gale Crater
2012년도에 활동하게 된 큐리오시티호의 탐사 지역을 묻는 문제이다. 본문에서는 이 지역의 연령이 hyphen으로 연결된 형용사 형태(year-old)로 쓰여졌지만, 표에서는 서술형으로 쓰여졌다. 이 답안의 경우 특정 지역의 이름을 가리키는 고유 명사이기 때문에 각 단어의 첫 글자를 대문자로 쓴다.

4 RNA / ribonucleic acid
2017년에 있었던 발견을 묻는 문제이며, 황(sulfur)과 인(phosphorus)과 같은 다른 원소들도 지문에 나왔지만 특히 생명체의 세포에 필수인 RNA(리보핵산)의 형성을 돕는 붕소에 대해 묻는 문제였다. 답안을 적는 조건이 두 단어까지 허용하기 때문에 ribonucleic acid라고 써도 괜찮지만, 길고 어려운 단어를 잘못 쓸 경우를 대비하여 지문에도 분명히 나와있는 RNA만 적는 것을 추천하고 싶다.

5 high resolution
곧 다가올 미래의 화성 탐사의 모습이 마지막 단락에 담겨있는데, 기술의 발전으로 인해 더욱 높은 해상도와 3차원 이미지를 전송할 수 있는 기능이 구현될 것이라 예상하는 부분이 있다. 이미지와 영상의 시대가 되면서 high / low resolution 등의 단어가 자주 쓰이고 있으므로 이 기회에 잘 외워두자.

Level : Intermediate ★★

Roving to find life on Mars

Ever since polar ice caps **Q1** were first spotted on Mars in the 17th century, people have been intrigued by the question of whether there is life on the so-called Red Planet. Fuelled by artists' imaginations, we wonder whether green Martians might be going about their business millions of miles away - even though life on Mars is more likely to be microscopic if it exists at all.

Scientists investigating Mars made a big leap in 1976, **Q2** when the American Viking 1 lander reached the Red Planet's surface. It was the first spacecraft to send back images of Mars. While it must have been breathtaking for scientists to behold red Martian rocks and dust, there was no sign of little green men!

Within a few decades, hopes of finding life on Mars shifted to Curiosity, a car-sized robotic vehicle known as a rover. It started searching the planet's 3.8 billion year-old Gale Crater **Q3** area on August 6, 2012, and has continued roving for thousands of sols, or solar days which last nearly 40 minutes longer than a day on Earth!

But has Curiosity taken us closer to answering the big question about life on Mars? Thanks to this six-wheeled rover, we can at least say Mars was once habitable. For instance, the discovery of mudstone in the Gale Crater suggests there was once a large lake there, which might have supported life. Moreover, high levels of manganese oxide in crater rocks indicate the past presence of oxygen.

Another big step for Curiosity came in 2017, when it detected boron. This element can help form RNA, or ribonucleic acid, **Q4** which is an essential part of all living cells. The rover's discovery of other important chemical ingredients in Mars' soil, such as sulfur and phosphorus, allows scientists to build a realistic picture of a planet that was once wet, relatively warm and perhaps home to microbial life.

Newer models of rovers will probably offer us more breakthroughs because they will be equipped with an even wider array of measuring tools, including the ability to send back high resolution **Q5** and 3D images. Further data will also be able to tell us whether there will one day be life on the Red Planet! After all, manned missions to Mars are just around the corner and the first pioneers will need as much information as possible for their survival. Therefore, rovers such as Curiosity are not just researching a distant planet's past - they could be saving lives there in the future!

화성(Mars)에서 생명체를 찾기 위한 탐사

17세기에 화성 극지방의 만년설이 최초로 발견된 이래, 사람들은 지속적으로 이른바 '붉은 행성'에 생명이 존재하는지에 대한 문제에 강한 흥미를 느껴왔다. 예술가들의 상상력에 자극을 받아, 우리는 수만 마일 떨어진 녹색 화성인들이 그들이 할 일을 하고 있을지에 대해 궁금해한다. 화성의 생명체는 설령 존재한다 하더라도, (현미경으로 밖에 볼 수 없을 정도로) 아주 작을 가능성이 더 큼에도 불구하고 말이다.

화성을 탐사하는 과학자들은 1976년 큰 도약을 이루었는데, 이 때 미국의 바이킹 1호 탐사선이 붉은 행성의 표면에 도달했다. 그것은 화성의 이미지를 전송한 최초의 우주선이었다. 과학자들이 화성의 붉은 암석과 먼지를 보는 것은 분명 숨이 멎을 듯한 일이었지만, 작은 녹색인의 흔적은 없었다!

수십 년 안에 화성에서 생명체를 찾겠다는 희망은 탐사선으로 알려진 자동차 크기만한 로봇 차량인 큐리오시티호(Curiosity)로 옮겨갔다. 그것은 2012년 8월 6일에 그 행성의 38억년 된 게일 충돌구(Gale Crater) 지역을 탐색하기 시작했고 수천 솔(화성일, 즉 지구의 하루보다 거의 40분 더 오래 지속되는 태양일)동안 탐사를 계속해 왔다!

그러나 큐리오시티호가 화성의 생명체에 관한 큰 의문에 대한 답변에 우리를 더 가까이 데려왔을까? 바퀴가 6개 달린 이 탐사선 덕분에 적어도 한 때는 생명체가 화성에 거주할 수 있었다고 말할 수 있다. 예를 들어, 게일 충돌구에서의 이암(mudstone) 발견은 거기에 한 때 생명을 지탱했을지 모르는 큰 호수가 있었다는 것을 시사한다. 게다가, 충돌구 암석 속 높은 산화 망간 수치는 과거 산소의 존재를 나타낸다.

큐리오시티의 또 다른 큰 진척은 2017년에 붕소를 탐지한 것이었다. 이 원소는 모든 살아있는 세포의 필수적인 부분인 RNA, 즉, 리보핵산의 형성에 도움을 줄 수 있다. 이 탐사선이 발견한 황과 인 같은 화성 토양 속 다른 중요한 화학 성분들은 한 때 습하고 비교적 따뜻하여 아마 미생물들이 서식했을 행성에 대해 과학자들이 사실적으로 구성해보도록 해주었다.

더 새로운 모델의 탐사선들은 고해상도의 입체(3D) 촬영물을 전송할 능력을 포함하여 훨씬 더 다양한 측정 도구들을 갖춤으로써 우리에게 더 많은 획기적 발전을 제공할 것이다. 심화된 자료는 또한 언젠가 붉은 행성에 생명체가 살게 될지 여부를 우리에게 말해줄 수도 있을 것이다! 결국, 화성을 향한 유인 우주 비행이 곧 임박했으며 최초의 개척자들은 생존을 위해 가능한 한 많은 정보를 필요로 할 것이다. 그러므로, 큐리오시티호와 같은 탐사선들은 단지 먼 행성의 과거만을 연구하고 있는 것이 아니라, 그곳에서 미래의 생명을 구하고 있는 것일 수도 있다!

Level : Intermediate ★★

 Vocabulary

intrigued : 아주 흥미로워하는
go about one's business : 자기 할 일을 하다
make a leap : 발전하다, 도약하다
habitable : 주거 가능한, 서식 가능한
detect : 감지하다
relatively : 상대적으로
manned : 유인의, 사람이 있는

so-called : ~라고 불리는
microscopic : (현미경으로 봐야할 정도로) 아주 미세한
behold : 보다 (see, look)
indicate : 가리키다, 나타내다
microbial : 미생물의
breakthrough : 돌파구
just around the corner : 곧, 금방

How to survive nuclear attack

The prospect of a nuclear war may be fearsome, but staying alive in this scenario is not just a matter of luck. Ordinary citizens can boost their chances of survival even if they are relatively close to an attack. To put things in perspective, some survivors of the Hiroshima nuclear bomb in 1945 were less than 300 metres away from where it struck.

The most helpful thing a person can do to survive a nuclear attack is to find a good shelter and stay there. Admittedly, a siren or warning of an impending nuclear strike would give people a better chance of protecting themselves from the initial ferocity of a bomb's explosion. But whether heralded or not, the blast would be followed within minutes by a shower of radioactive debris. It would probably be impossible to escape this fallout by car because it would be blown over an area stretching potentially hundreds of square miles. If people were to take cover instead of trying to flee, it could prevent hundreds of thousands of deaths from radiation sickness.

After deciding to seek shelter, people would have to know what to look for - and what to avoid! Aside from driving being a poor response to a nuclear attack, vehicles are also among the worst options for sheltering. Because they are made of light metals and glass, cars provide very little protection from radiation.

A better choice would be to find refuge behind a thick layer of concrete or soil. An underground bunker would be ideal, although a basement could be a good option too. Even a stairwell close to the centre of an ordinary building might function as a makeshift shelter. An important factor would be avoiding being close to windows or loose objects. Also, switching off cooling or heating systems might be a lifesaver because they draw in outside air.

Sheltering from a nuclear attack would be made a lot more comfortable with some basic supplies. Bottled water and packaged food, for example, could sustain those inside. Nonetheless, perhaps the most vital item to have at hand would be a radio to listen for official updates related to radiation, which would take around 24 hours to drop off to a relatively safe level. Broadcasters plan for emergencies and are tasked with offering evacuation instructions and other safety information. It might seem like a precaution too far, but being ready for a nuclear attack could make all the difference if disaster strikes.

Questions 1-5

Complete the sentences below.

*Choose **NO MORE THAN TWO WORDS** from the text for each answer.*

Write your answers in boxes 1-5 on your answer sheet.

How to protect yourself from nuclear attack

Whether you experienced it or not, a nuclear war sounds like a disastrous scenario. However, there are do's and don'ts to increase the chances of survival.

Do's

- Keep an eye on the sirens of an **1** .... nuclear strike to protect yourselves.
- **2** .... instead of running away. It may help prevent a number of deaths from radiation aftereffects.
- Find good shelters such as basement bunkers and a **3** .... near the centre of a building since they are behind a thick layer of durable materials.
- Prepare some lifesavers like bottled water and packaged food.

Don'ts

- Get inside any **4** .... for sheltering. They are the worst option you can choose.
- Locate yourself near to **5** .... or loose objects. They can fall over, crash or shatter.

At the end of the day, the most needed item would be a radio to listen to the official announcements to catch up with the situation. It usually takes around 24 hours for radiation to go down to its safe level.

Chapter 04 TEST 8 문제해석

Questions 1-5

Complete the sentences below.

Choose **NO MORE THAN TWO WORDS** *from the text for each answer.*

Write your answers in boxes 1-5 on your answer sheet.

지문에서 각 문제의 답을 **두 단어가 넘어가지 않게** 찾아 아래 문장들을 완성하세요.

How to protect yourself from nuclear attack   핵 공격에서 스스로를 보호하는 방법

Whether you experienced it or not, a nuclear war sounds like a disastrous scenario. However, there are do's and don'ts to increase the chances of survival.

경험의 유무와 관계없이, 핵 전쟁이라는 말은 재앙의 시나리오 같이 들린다. 하지만, 생존의 가능성을 높이기 위해 해야 할 것과 하지 말아야 할 것은 분명히 있다.

Do's   해야 할 것들

- Keep an eye on the sirens of an **1** .... nuclear strike to protect yourselves.
  스스로를 보호하기 위해 **1** .... 한 핵 공격에 대한 경고 알림을 주시할 것

- **2** .... instead of running away. It may help prevent a number of deaths from radiation aftereffects.
  도망가는 것보다 **2** .... 것. 이 방법이 방사선 후유증으로부터 다수의 목숨을 지키는 데에 도움이 될 수 있음

- Find good shelters such as basement bunkers and a **3** .... near the centre of a building since they are behind a thick layer of durable materials.
  지하 벙커나 빌딩 중심에 있는 **3** .... 과 같은 좋은 피난처를 찾을 것. 내구성이 좋은 두꺼운 층으로 둘러싸여 있는 장소임

- Prepare some lifesavers like bottled water and packaged food.
  물과 진공 포장 식품과 같은 생존 필수품을 준비할 것

Don'ts   하지 말아야 할 것들

- Get inside any **4** .... for sheltering. They are the worst option you can choose.
  대피를 목적으로 아무 **4** .... 에 올라타는 것. 피난의 선택지 중 최악의 선택임

- Locate yourself near to **5** .... or loose objects. They can fall over, crash or shatter.
  5 .... 혹은 고정되지 않은 물체들과 가까운 곳에 있지 말 것. 떨어지거나, 부서지거나, 깨질 수 있음

At the end of the day, the most needed item would be a radio to listen to the official announcements to catch up with the situation. It usually takes around 24 hours for radiation to go down to its safe level.

결국 가장 필요한 물품은 현 상황을 알려주는 공식적인 정보가 흘러나오는 라디오일 것이다. 방사선 수치가 안전한 수위로 떨어지려면 보통 24시간 정도가 걸린다.

Chapter 04　TEST 8 문제풀이

> 유형

Short Answer　질문에 간단하게 답하는 주관식 문제

1　impending
'해야한다'라고 정확히 지문에 나와있지는 않지만 경고 신호를 주시하는 것은 꼭 해야 할 일 중 하나다. 이 중에서도 빈 칸은 '임박한 핵 공격' 부분에 초점이 맞추어졌고, 빈 칸 앞에 'an'이 있으므로 모음으로 시작하는 단어를 답으로 찾는다.

2　Take cover
'도망가다'라는 뜻의 run away와 flee가 같은 의미의 단어인 것을 알고 있으면 그 앞뒤에 나온 내용을 찾아 맞는 것을 선택할 수 있다. 문제에서 주어진 조건이 두 단어까지는 허용하기 때문에 본문에 나온 그대로 take cover로 답을 작성한다.

3　stairwell
자동차가 최악의 대피처라고 말하는 바로 다음 단락에서 더 나은 대피처로서 선택해야 할 곳들을 알려준다. 그 중 빌딩의 중심부와 관련이 있는 단어는 계단층으로, 빈 칸의 'a'가 있음에 주의하여 관사를 중복하여 답으로 적지 않도록 한다.

4　vehicles / cars
자동차에 대한 언급이 두번째와 세번째 단락에서 나오는데 자동차의 cars와 탈 것을 뜻하는 vehicles 모두 답이 될 수 있다. 단, 빈 칸의 앞에 단수를 나타내는 관사 'a'가 없고 지문에서도 'car'는 단수 형태로 등장하므로, 지문에 나온 그대로의 단어를 답으로 써야하는 상황에서는 복수형 명사인 vehicles가 좀 더 답에 가까울 것 같다.

5　windows
괜찮은 대피처로 지하 공간과 계단층의 예시를 드는 같은 문단에 조심해야할 것들에 대한 내용 또한 나와있다. 그 중 문제의 보기에서 부연 설명된 '부서지다, 깨지다'와 같은 동사 및 본문에도 그대로 나오는 'loose objects'를 참고로 하여 창문을 답으로 적으면 된다.

Level : Intermediate ★★

How to survive nuclear attack

The prospect of a nuclear war may be fearsome, but staying alive in this scenario is not just a matter of luck. Ordinary citizens can boost their chances of survival even if they are relatively close to an attack. To put things in perspective, some survivors of the Hiroshima nuclear bomb in 1945 were less than 300 metres away from where it struck.

The most helpful thing a person can do to survive a nuclear attack is to find a good shelter and stay there. Admittedly, a siren or warning of an impending **Q1** nuclear strike would give people a better chance of protecting themselves from the initial ferocity of a bomb's explosion. But whether heralded or not, the blast would be followed within minutes by a shower of radioactive debris. It would probably be impossible to escape this fallout by car because it would be blown over an area stretching potentially hundreds of square miles. If people were to take cover **Q2** instead of trying to flee, it could prevent hundreds of thousands of deaths from radiation sickness.

After deciding to seek shelter, people would have to know what to look for - and what to avoid! Aside from driving being a poor response to a nuclear attack, vehicles **Q4** are also among the worst options for sheltering. Because they are made of light metals and glass, cars **Q4** provide very little protection from radiation.

A better choice would be to find refuge behind a thick layer of concrete or soil. An underground bunker would be ideal, although a basement could be a good option too. Even a stairwell **Q3** close to the centre of an ordinary building might function as a makeshift shelter. An important factor would be avoiding being close to windows **Q5** or loose objects. Also, switching off cooling or heating systems might be a lifesaver because they draw in outside air.

Sheltering from a nuclear attack would be made a lot more comfortable with some basic supplies. Bottled water and packaged food, for example, could sustain those inside. Nonetheless, perhaps the most vital item to have at hand would be a radio to listen for official updates related to radiation, which would take around 24 hours to drop off to a relatively safe level. Broadcasters plan for emergencies and are tasked with offering evacuation instructions and other safety information. It might seem like a precaution too far, but being ready for a nuclear attack could make all the difference if disaster strikes.

핵 공격에서 살아남는 방법

핵 전쟁을 예상하는 것은 무서운 일일 수 있지만 이 시나리오에서 살아남는 것은 단지 운의 문제는 아니다. 상대적으로 핵 공격에 가까이 있다 할지라도 평범한 시민들 또한 그들의 생존의 가능성을 높일 수 있다. 상황을 총체적으로 살펴보면, 1945년 히로시마 핵 폭탄의 몇몇 생존자들은 그것이 폭발한 곳에서 300미터도 안 되는 곳에 있었다.

핵 공격에서 살아남기 위해 사람이 할 수 있는 가장 유용한 일은 좋은 피난처를 찾아 거기에 머무는 것이다. 물론, 임박한 핵 공격에 대한 사이렌이나 경고가 사람들에게 폭발 초기의 잔혹함으로부터 스스로를 보호할 더 높은 가능성을 제공할 것이다. 하지만 예고가 되든 아니든, 폭발 몇 분 이내로 방사능 파편의 소나기가 뒤따를 것이다. 이 낙진은 어쩌면 수백 평방 마일에 걸친 지역에 걸쳐 날아갈 것이므로 자동차로 이것을 피하는 것은 아마 불가능할 것이다. 만약 사람들이 도망치는 대신에 숨는다면, 방사선 병으로 인한 수십만 명의 죽음을 막을 수 있을 것이다.

피난처를 찾기로 결정한 후 사람들은 무엇을 찾아야 하며, 또 무엇을 피해야 할지를 알아야만 할 것이다. 운전하는 것이 핵 공격에 대한 서툰 대응이라는 것을 제쳐 놓더라도, 차량은 도피처로써 최악의 옵션 중에 하나이기도 하다. 차들은 가벼운 금속과 유리로 만들어져 있기 때문에, 방사능으로부터 거의 보호해 줄 수 없다.

더 나은 선택은 콘크리트나 토양의 두꺼운 층으로 싸여 있는 피난처를 찾는 것일 것이다. 지하실 또한 좋은 선택이 될 수 있겠지만, 지하 벙커가 이상적이다. 심지어 평범한 건물의 중심에 위치한 계단도 임시 대피소로서의 기능을 할 수 있다. 중요한 것은 창문이나 헐거운 사물들에 가까이 가는 것을 피하는 것이다. 아울러 냉난방 시스템을 끄는 것이 목숨을 구할 수도 있는데, 그것들이 외부 공기를 끌어들이기 때문이다.

핵 공격으로부터의 대피는 약간의 기본 물자가 있다면 훨씬 더 편해질 것이다. 예를 들어, 물과 진공 포장된 식품은 피난처 내부 사람들의 생존에 도움이 될 수 있다. 그럼에도 불구하고, 아마도 가까이 두어야 할 가장 필수적인 물건은 방사능과 관련된 공식 업데이트들을 청취할 수 있는 라디오일 것이며, 방사능이 비교적 안전한 수준으로 떨어지는 데는 약 24시간이 걸릴 것이다. 방송사들은 비상 사태에 대해 계획을 세우고 대피 안내 및 기타 안전 정보를 제공하는 임무를 맡고 있다. 이것이 너무 지나친 예방조치처럼 보일 수도 있지만, 재난이 닥친다면 핵 공격에 준비가 되어 있다는 것은 엄청난 차이를 만들 수 있다.

Level : Intermediate ★★

Vocabulary

prospect : 예상
impending : 임박한
heralded : 예고된
radiation : 방사선
sustain : 지속하다, 살아가게 하다

fearsome : 무시무시한, 무서운
ferocity : 흉포함, 사나움
debris : 잔해, 쓰레기
refuge : 피난처, 은신처
evacuation : 대피, 피난

shelter : 피난처, 안전한 곳
explosion : 폭발
flee : 도망가다, 달아나다
makeshift : 임시의
precaution : 예방책

The Romans' road to success

All roads lead to Rome, or so they say. Variations of this famous idiom have been spoken for centuries, apparently due to the fame of the Roman Empire's organised transport system, which began to be built in earnest with the construction in 312 BC of the Appian Way, one of 29 major roads that would eventually span 78,000 kilometres. So how did these routes prove to be so crucial to the Romans' success?

Roads were both a product and facilitator of Rome's military conquests. The Appian Way, for example, was built to supply allies in Capua at the time of the Second Samnite War. Similar routes were constructed as Roman legions conquered their way through Europe. These roads allowed Rome's legions to travel faster and more easily than their enemies, while additionally ensuring the provision of necessary goods.

This advantageous efficiency was not a coincidence, but began with extremely diligent planning. Surveyors used sighting poles to map out the straightest possible routes. Moreover, Roman roads were built to last through construction techniques that were not really surpassed until the 1800s. They were formed of multiple layers which ensured they would be relatively flat, although they were still able to drain water to prevent flooding. The finished product was so durable that some of the roads are still in use today.

The maintenance and security of Roman roads were also considered matters of great importance. Repairs were funded by officials known as censors as well as through taxes. Indeed, toll fees were imposed on some routes and collected by soldiers. Army troops had the additional role of patrolling roads to keep them free from the threat of thieves and highwaymen, allowing merchants to securely move their wares.

Naturally, even the best road network would be useless if it could not be navigated. The Romans installed mile markers to serve this purpose. They gave information such as the distance to nearby towns and recommended places to rest, which were especially important so that travellers could access fresh mounts at horse changing stations while replenishing their own energy levels at inns if needed.

The demise of the Western Roman Empire may have been confirmed when Emperor Romulus was deposed in 476, but its legacy has been profound and enduring. The impact of Roman roads, in particular, cannot be understated - even though the oldest known paved road was built in Egypt far earlier, between 2600 and 2200 BC. Clearly, not all legends lead to Rome, but many of them certainly do.

Questions 1-5

Complete the sentences below.

*Choose **ONE WORD OR A NUMBER ONLY** from the text for each answer.*

1   Roman roads helped save travel time and energy of the Roman legions as well as secure the .... of necessities.

2   Some of the high construction techniques were implemented in building roads such as managing water in prevention of ....

3   Taxes, toll fees, and funds by the officials were collected and used for the road ....

4   In order to navigate the travellers, Romans used .... to inform the distance in miles.

5   Thanks to the signages on the road, the travellers could stop by the nearby towns for .... themselves and changing exhausted horses.

Chapter 04 TEST 9 문제해석

Questions 1-5

Complete the sentences below.

Choose **ONE WORD OR A NUMBER ONLY** from the text for each answer.

지문에서 각 문제의 답을 **한 단어 혹은 하나의 숫자**로 찾아 아래 문장들을 완성하세요.

1 Roman roads helped save travel time and energy of the Roman legions as well as secure the .... of necessities.
   로마의 도로는 로마 군사들의 시간과 체력을 아껴주었을 뿐만 아니라 생필품의 .... 을 확보하는 데에도 도움을 주었다.

2 Some of the high construction techniques were implemented in building roads such as managing water in prevention of ....
   .... 를 방지하기 위해 수류/유수를 관리하는 등의 수준 높은 건축 기술이 길을 낼 때에 사용되었다.

3 Taxes, toll fees, and funds by the officials were collected and used for the road ....
   세금, 통행료, 고위 관리직들이 지불한 비용들이 도로의 .... 에 사용되었다.

4 In order to navigate the travellers, Romans used .... to inform the distance in miles.
   여행자들에게 길을 안내하기 위해 로마인들은 .... 를 사용하여 마일 단위의 거리를 알려주었다.

5 Thanks to the signages on the road, the travellers could stop by the nearby towns for .... themselves and changing exhausted horses.
   길 위의 표지판 덕분에 여행자들은 가까운 마을에 들러 스스로 .... 하고 지친 말을 교환할 수 있었다.

TEST 9 문제풀이

Short Answer 질문에 간단하게 답하는 주관식 문제

1 provision
도로가 건설됨으로써 생긴 군사들과 관련된 이익에 대한 내용을 두번째 단락에서 찾고, 빈 칸의 앞뒤로 paraphrasing된 부분에 유의하며 답을 찾는다. Ensure는 secure로, necessary goods는 necessities로 쓰였다.

2 flooding
로마의 도로 제작 기술은 여러 층의 구조에도 불구하고 평평하거나, 홍수를 막기 위한 배수 시스템을 갖출 수 있을 정도로 당시의 기준을 훨씬 뛰어넘었다. 본문에서 쓰인 'drain'이 문제의 보기에서는 'managing water'로 paraphrasing 되었다.

3 repairs / maintenance
Taxes, toll fees와 같은 단어들을 찾으면 빈 칸을 금방 유추할 수 있는 문제이다. 다만, 도로의 보수 공사, 관리 등을 뜻하는 단어가 본문에서 두 개가 나오는데 이 중 한 가지만 골라서 작성하면 된다.

4 markers
길을 안내하는 뜻을 가진 navigate를 찾고, 그 뒤에 이어지는 mile이 거리의 단위이므로 답은 markers가 된다. 본문에 쓰인 대로 복수형 명사로 답을 작성하는 것에 유의한다.

5 replenishing
위의 markers에서 이어지는 내용으로, 옛날 여행자들이 도로 표지판을 보고 가까운 마을에 들러 하곤 했던 행동들이 쓰여 있다. 'for'라는 전치사 뒤에는 명사가 오는 것에 유의하여 '보충하다, 채우다, 회복하다'의 뜻을 가진 단어를 동명사 형태로 작성한다.

The Romans' road to success

All roads lead to Rome, or so they say. Variations of this famous idiom have been spoken for centuries, apparently due to the fame of the Roman Empire's organised transport system, which began to be built in earnest with the construction in 312 BC of the Appian Way, one of 29 major roads that would eventually span 78,000 kilometres. So how did these routes prove to be so crucial to the Romans' success?

Roads were both a product and facilitator of Rome's military conquests. The Appian Way, for example, was built to supply allies in Capua at the time of the Second Samnite War. Similar routes were constructed as Roman legions conquered their way through Europe. These roads allowed Rome's legions to travel faster and more easily than their enemies, while additionally ensuring the provision **Q1** of necessary goods.

This advantageous efficiency was not a coincidence, but began with extremely diligent planning. Surveyors used sighting poles to map out the straightest possible routes. Moreover, Roman roads were built to last through construction techniques that were not really surpassed until the 1800s. They were formed of multiple layers which ensured they would be relatively flat, although they were still able to drain water to prevent flooding. **Q2** The finished product was so durable that some of the roads are still in use today.

The maintenance **Q3** and security of Roman roads were also considered matters of great importance. Repairs **Q3** were funded by officials known as censors as well as through taxes. Indeed, toll fees were imposed on some routes and collected by soldiers. Army troops had the additional role of patrolling roads to keep them free from the threat of thieves and highwaymen, allowing merchants to securely move their wares.

Naturally, even the best road network would be useless if it could not be navigated. The Romans installed mile markers **Q4** to serve this purpose. They gave information such as the distance to nearby towns and recommended places to rest, which were especially important so that travellers could access fresh mounts at horse changing stations while replenishing **Q5** their own energy levels at inns if needed.

The demise of the Western Roman Empire may have been confirmed when Emperor Romulus was deposed in 476, but its legacy has been profound and enduring. The impact of Roman roads, in particular, cannot be understated - even though the oldest known paved road was built in Egypt far earlier, between 2600 and 2200 BC. Clearly, not all legends lead to Rome, but many of them certainly do.

로마인들의 성공을 향한 길

'모든 길은 로마로 통한다'는 말이 있다. 다양한 변형의 이 유명한 관용어는 수세기 동안 말해져 왔으며, 이는 분명 로마 제국의 조직화된 교통 시스템의 명성 때문으로, 이 교통 시스템은 기원전 312년에 본격적으로 건설되어 최종 7만 8천 킬로미터에 걸친 29개 주요 도로 중 하나인 아피아 가도(Appian Way)를 시작으로 구축되기 시작했다. 그렇다면 어떻게 이 길들이 로마인들의 성공에 그토록 결정적이라고 입증되었을까?

도로는 로마의 군사 정복의 산물이자 촉진제였다. 예를 들어, 아피아 가도는 제2차 삼니움 전쟁(the Second Samnite War) 시기에 카푸아(Capua)에서 동맹국들에게 물자를 공급하기 위해 건설되었다. 이와 비슷한 도로들이 로마 군대들이 유럽을 쭉 정복해가면서 생겨났다. 이 도로들은 로마 부대가 그들의 적군보다 더 빠르고 더 쉽게 이동할 수 있게 해주는 한편, 필요한 물품들의 공급 또한 보장해 주었다.

이렇게 유리한 효율성은 우연의 일치가 아니라, 매우 성실한 계획을 기반으로 시작된 것이었다. 측량사들은 가능한 가장 직선 경로를 설계하기 위해 조준 막대를 사용하였다. 게다가, 로마의 도로는 실제로 1800년대까지 뛰어넘을 수 없었던 건축 기법들을 통해 오래가도록 건설되었다. 그 도로들은 홍수를 방지하기 위해 여전히 물을 배수할 수 있었지만 상대적으로 평평할 것을 보장하는 여러 층으로 형성되었다. 완성된 결과물은 매우 내구성이 강하여 몇몇 도로들은 오늘날에도 여전히 이용되고 있다.

로마 도로들의 관리유지와 보안 또한 매우 중요한 문제로 여겨졌다. 도로 보수는 세금뿐만 아니라 검열관이라고 알려진 관리들에 의해 비용이 충당되었다. 실제로, 몇몇 도로에는 통행료가 부과되었고 군인들에 의해 징수되었다. 군대 병력이 도둑이나 노상 강도의 위협이 없도록 도로 순찰의 추가적인 역할을 했으며, 상인들이 안전하게 그들의 물품을 옮기도록 해주었다.

당연히, 아무리 최고의 도로망이라 할지라도 길을 찾을 수 없다면 소용없을 것이다. 로마인들은 이러한 목적에 도움이 되도록 마일 표지들을 설치했다. 그 표지들은 근처 마을들까지의 거리와 같은 정보를 제공했으며 쉴 수 있는 장소들을 추천했는데, 이는 여행자들이 필요 시 여관에서 자신의 에너지 수준을 보충하면서 말 교환 정거장에서 에너지가 충분한 말을 이용하도록 해주어 특히나 중요했다.

서로마 제국의 종말은 476년 로물루스 황제(Emperor Romulus)가 폐위되었을 때 확정되었을지 모르지만, 그 유산은 뿌리 깊게 오래 지속되고 있다. 기원전 2600년에서 2200년 사이에 이집트에서 건설된 도로가 가장 오래된 포장 도로로 알려져 있음에도 불구하고, 로마 도로의 영향력은 절대 간과할 수 없다. 분명, 모든 전설들이 다 로마로 통하는 것은 아니지만 그들 중 다수는 틀림없이 그러하다.

Vocabulary

apparently : 명백히
legion : 군단, 부대
surpass : 능가하다, 뛰어넘다
navigate : 길을 찾다
depose : 왕을 폐위시키다, 물러나게 하다

facilitator : 촉진제, 조력자
provision : 공급, 제공, 준비
censor : 검열관, 검열하다
replenish : 채우다, 보충하다
understate : 축소해서 말하다

conquest : 정복, 점령지
coincidence : 우연의 일치
impose : 부과하다
demise : 죽음, 종말
pave roads : 도로를 포장하다

Level : Intermediate ★★

READING PASSAGE

The planet's plastic crisis

A The rise of plastics in the 20th century completely transformed the world. From manufacturing and packaging to medicine and plumbing, life has not been the same since these wonderfully malleable materials exploded into use. On the flip side, many people advocate a boycott of products made with plastic because of environmental concerns. But if plastic seems too useful to give up, can we rescue ourselves from a global plastic waste crisis?

B Firstly, it is important to establish how serious this problem is. With millions of tonnes of plastic pouring into open water every year, the planet's oceans witness some of the worst damage. Around 1,500 marine species are known to have been negatively affected by plastic waste. It is not just a case of accidental ingestion. In many cases, sea creatures are choosing to consume plastic, which has managed to slip into the marine food chain because it can take different forms while looking and smelling edible. The related worry for many people is the accumulation of plastic in seafood.

C This again begs the question of what can be done to stem the plastic tide. Global projects to clean up beaches and coastlines have been admirable, but there is so much waste continuously spilling out that preventative measures must also be taken. One of the tools available to governments is a plastic tax. This kind of move might not be universally popular, although it does address a major reason for plastic's popularity - it is cheap!

D Many argue the answer lies in the behaviour of consumers and manufacturers. Concerning the latter, this means being more responsible with packaging and curtailing the production of microplastics as far as possible. There is no longer a good excuse to include plastic microbeads in toothpastes and cosmetic products, for example.

E As for consumers, they need to cooperate with manufacturers' efforts to cut single-use plastics like carrier bags, water bottles and disposable coffee cups, while boycotting irresponsible producers. People should even consider what clothes they choose to buy, as washing synthetic fibres releases microplastics. Therefore, natural fabrics are a better choice in the battle against plastic. It also goes without saying that widespread participation in quality recycling schemes is essential.

F All things considered, the problem is not so much plastic as people getting carried away with a low-cost alternative to traditional materials. The world needs to stop wasting plastic before it becomes an unavoidable hidden item in human food and beverages.

Questions 1-5

The text has six sections, **A-F**.

Which section contains the following?

Write the correct letter, **A-F**, in boxes 1-5 on your answer sheet.

NB You may choose any letter more than once.

1   the writer's suggestion for the governments as a preventative measure
2   the number of sea creatures experiencing negativity of the plastic debris
3   the examples of global cleaning actions taking place
4   a list of actions that consumers can take to lessen plastic usage
5   a summary of two contrasting stances on the rise of plastics

Questions 6-10

Complete the summary below.

*Choose **ONE WORD ONLY** from the text for each answer.*

Write your answers in boxes 6-10 on your answer sheet.

The world has never been the same since the rise of plastics. These practical and amazingly **6** .... materials have flooded into homes, factories and even hospitals. The problem is the waste which jeopardises the lives and food chain of this planet. So what can be done? We can include three different parties to solve this problem: **7** .... , manufacturers and consumers. Imposing a plastic **8** .... might not be welcome, but it deserves consideration. Reducing the production of **9** .... and being more careful in packaging would be meaningful to the manufacturers. Customers can save the world by recycling, using less disposables and **10** .... unprincipled producers.

Chapter 04 TEST 10 문제해석

Questions 1-5

The text has six sections, **A-F**.

Which section contains the following?

Write the correct letter, **A-F**, in boxes 1-5 on your answer sheet.

NB You may choose any letter more than once.

이 지문은 6개의 단락 A-F로 구성되었습니다.

아래 보기의 정보를 포함하는 단락의 알파벳을 찾아 답을 작성하세요.

주의 한 번 이상 선택되는 답이 나올 수도 있습니다.

1   the writer's suggestion for the governments as a preventative measure
    작가가 정부에게 제안하는 예방책

2   the number of sea creatures experiencing negativity of the plastic debris
    플라스틱 잔해의 부정적인 영향을 겪는 바다 생물의 수

3   the examples of global cleaning actions taking place
    진행 중인 전 세계적 정화 작업의 예시

4   a list of actions that consumers can take to lessen plastic usage
    플라스틱 사용을 줄이기 위하여 소비자가 할 수 있는 행동들

5   a summary of two contrasting stances on the rise of plastics
    플라스틱의 급증에 관한 두 가지 대립하는 입장의 요약

TEST 10 문제풀이

> **Information** 키워드가 어느 단락에서 나왔는지를 찾는 객관식 문제

1 C
전체 지문을 통틀어 작가는 정부, 생산자, 소비자가 할 수 있는 플라스틱 사용 줄이기에 대한 예방책을 제시하는데, 그 중 정부가 진행할 수 있는 것을 묻고 있다. 보기에 나오는 governments, measure의 키워드를 지문의 governments와 tools 키워드를 매치하여 답을 찾는다.

2 B
플라스틱 폐기물 중 특히 바다로 버려지는 쓰레기들에 대한 문제의 심각성을 짚어보는 단락 B에서, 약 1,500 종의 해양 생물이 영향을 받고 있다는 정보를 찾을 수 있다. 보기에서 나온 'the number of'를 키워드로 하여 실제 숫자가 나온 문장들을 지문에서 찾아본다.

3 C
플라스틱 폐기물을 줄이기 위해 행해지는 행동 중 전세계적으로 일어나고 있는 예시를 찾는 문제로 보기에 쓰여진 'global cleaning actions'에 대입할 수 있는 예시가 나오는지를 지문에서 찾는다. 해변과 해안선에 버려진 쓰레기를 청소하는 프로젝트에 대한 내용이 등장하는 단락 C가 정답이다.

4 E
Consumers라는 주체가 할 수 있는 행동들을 나열한 문단은 단락 E이다. 이 단락에서는 비닐 봉지, 물병, 커피컵과 같은 일회용품의 사용을 자제하고, 환경에 무책임한 생산자의 물건을 구매하지 않는 등의 예시들이 나와있다.

5 A
플라스틱이 20세기에 급부상함에 따라 다양한 산업 분야에서 편리함과 이득을 취하기도 했지만, 그 이면에는 환경 문제로 인해 구매 반대 운동이 일어나는 등의 상반된 현상이 나타나고 있다. 보기에서 쓰인 'contrasting stances'와 지문에서 두 의견을 비교하며 등장한 'on the flip side'라는 표현을 참고하여 답을 찾는다.

Chapter 04 — TEST 10 문제해석

Questions 6-10

Complete the summary below.

*Choose **ONE WORD ONLY** from the text for each answer.*

Write your answers in boxes 6-10 on your answer sheet.

지문을 읽고 아래 요약문을 완성하세요.

각 문제의 답을 지문에서 찾아 **하나의 단어**로 작성하세요.

The world has never been the same since the rise of plastics. These practical and amazingly 6 .... materials have flooded into homes, factories and even hospitals. The problem is the waste which jeopardises the lives and food chain of this planet. So what can be done? We can include three different parties to solve this problem: 7 .... , manufacturers and consumers. Imposing a plastic 8 .... might not be welcome, but it deserves consideration. Reducing the production of 9 .... and being more careful in packaging would be meaningful to the manufacturers. Customers can save the world by recycling, using less disposables and 10 .... unprincipled producers.

플라스틱이 급부상한 후로 세상은 달라졌다. 이 실용적이고 놀랍도록 6 .... 물질들은 가정으로, 공장으로, 그리고 병원까지 쏟아져 들어왔다. 하지만 문제는 이 행성의 생명들과 먹이 사슬을 교란시키는 폐기물이다. 그렇다면 무엇을 할 수 있을까? 우리는 이 문제의 해결을 위해 세 집단이 필요하며 그들은 7 .... , 제조업자, 그리고 소비자이다. 플라스틱 8 .... 의 부과는 그다지 환영 받지 못 할 수 있지만 고려해 볼 만한 사항이다. 9 .... 의 발생을 줄이는 것과 포장에 더욱 신경 쓰는 것은 제조업자들에게 의미있는 문제 해결 방법이다. 소비자들은 재활용 하기, 일회용품 덜 쓰기, 그리고 비양심적인 업체들을 10 .... 하기 등을 통해 이 세상을 플라스틱 폐기물의 위협으로부터 구할 수 있다.

 **TEST 10 문제풀이**

 Summary 지문의 내용을 요약한 문장의 빈칸을 채우는 주관식 문제

6 malleable
플라스틱이라는 물질의 성질을 표현한 단어를 찾는 문제로 지문에서의 wonderfully가 amazingly로, exploded가 flooded로 paraphrasing된 부분에 주목하여 답을 찾는다. Materials는 지문과 동일하게 쓰였으므로, 이를 수식하는 malleable을 답으로 적으면 된다.

7 governments   8 tax
위의 둘은 이어지는 문제로, 3번의 행동을 실행하는 주체가 2번이라는 것을 찾을 수 있다. 글을 모두 읽은 후 플라스틱 폐기물 문제의 해결에 참여할 수 있는 세 주체들이 누구인지를 찾고 (정부, 제조업자, 소비자) 그리고 그 중 정부가 실행할 수 있는 정책인 플라스틱 세금을 부과하는 내용을 찾아 빈 칸에 들어갈 알맞은 단어를 적으면 된다.

9 microplastics
제조업자가 할 수 있는 행동의 예시로 두가지가 나와있는데, 지문에서 쓰인 curtail이라는 단어가 요약문에서는 reduce로 쓰인 것에 유의하며 미세플라스틱을 답으로 적는다. 환경과 관련된 지문도 IELTS 시험이 좋아하는 주제로 더 심화로 준비하고픈 수험자라면 미세 플라스틱이나 화학 물질로 인한 생태계 교란 등에 대한 글과 뉴스를 더 찾아보길 추천한다.

10 boycotting
소비자가 할 수 있는 일들은 꽤 여러가지가 나와있는데 이 중 비양심적인 업체의 물건을 사지 않는 boycotting이 문제로 출제되었다. 불매 운동을 뜻하는 boycott 이외에도 일회용품을 뜻하는 disposables, 재활용을 뜻하는 recycling 등 빈출 단어 및 사회적으로 자주 쓰이는 단어들이 많이 등장한 지문이므로 여러 번 읽어보고 writing과 speaking을 위한 주제로도 준비를 해보면 도움이 될 것이다.

Level : Intermediate ★★

The planet's plastic crisis

A [The rise of plastics in the 20th century completely transformed the world. From manufacturing and packaging to medicine and plumbing, life has not been the same since these wonderfully malleable **Q6** materials exploded into use. On the flip side, many people advocate a boycott of products made with plastic because of environmental concerns. **Q5**] But if plastic seems too useful to give up, can we rescue ourselves from a global plastic waste crisis?

B Firstly, it is important to establish how serious this problem is. With millions of tonnes of plastic pouring into open water every year, the planet's oceans witness some of the worst damage. Around 1,500 marine species **Q2** are known to have been negatively affected by plastic waste. It is not just a case of accidental ingestion. In many cases, sea creatures are choosing to consume plastic, which has managed to slip into the marine food chain because it can take different forms while looking and smelling edible. The related worry for many people is the accumulation of plastic in seafood.

C This again begs the question of what can be done to stem the plastic tide. Global projects to clean up beaches and coastlines **Q3** have been admirable, but there is so much waste continuously spilling out that preventative measures must also be taken. [One of the tools available to governments **Q7** is a plastic tax **Q8**. **Q1**] This kind of move might not be universally popular, although it does address a major reason for plastic's popularity - it is cheap!

D Many argue the answer lies in the behaviour of consumers and manufacturers. Concerning the latter, this means being more responsible with packaging and curtailing the production of microplastics **Q9** as far as possible. There is no longer a good excuse to include plastic microbeads in toothpastes and cosmetic products, for example.

E [As for consumers, they need to cooperate with manufacturers' efforts to cut single-use plastics like carrier bags, water bottles and disposable coffee cups, while boycotting **Q10** irresponsible producers. People should even consider what clothes they choose to buy, as washing synthetic fibres releases microplastics. Therefore, natural fabrics are a better choice in the battle against plastic. It also goes without saying that widespread participation in quality recycling schemes is essential. **Q4**]

F All things considered, the problem is not so much plastic as people getting carried away with a low-cost alternative to traditional materials. The world needs to stop wasting plastic before it becomes an unavoidable hidden item in human food and beverages.

지구의 플라스틱 위기

A 20세기 플라스틱의 급부상은 세상을 완전히 바꿔 놓았다. 제조와 포장에서부터 의약품과 배관에 이르기까지, 놀랍도록 유연한 물질들이 폭발적으로 사용된 이래로 삶은 이전과 같지 않았다. 다른 한편, 많은 사람들은 환경적인 우려 때문에 플라스틱으로 만들어진 제품에 대한 불매 운동을 지지한다. 그러나 만약 플라스틱이 너무 유용하기 때문에 포기할 수 없다면, 세계적 플라스틱 폐기물의 위기로부터 우리 스스로를 구할 수 있을까?

B 우선, 이 문제가 얼마나 심각한지를 규명하는 것이 중요하다. 매년 수백만 톤의 플라스틱이 개방된 물(강, 바다 등)로 쏟아지고 있으며, 이 행성에 존재하는 바다는 최악의 피해 사례들을 목격하고 있다. 약 1,500가지에 달하는 해양 생물종이 플라스틱 쓰레기에 의한 부정적 영향을 받아온 것으로 알려졌다. 이는 단지 우연히 일어난 섭취의 사례만은 아니다. 많은 경우에 바다 생명체들은 플라스틱을 먹고 있는데, 이것은 섭취가 가능해 보이는 생김새와 냄새를 지닌 플라스틱 제품이 다양한 형태로 나오기 때문이며, 그렇기 때문에 해양 먹이 사슬에 슬며시 들어오게 되었다. 이와 관련하여 많은 사람들이 가지는 우려는 해산물에 축적된 플라스틱일 것이다.

C 이는 플라스틱의 물결을 제지하기 위해 무엇을 할 수 있을지에 대한 질문을 다시 묻게 한다. 해변과 해안선을 정화하는 세계적인 프로젝트는 감탄할만 하지만, 너무 많은 쓰레기가 계속해서 쏟아져 나오고 있기 때문에 예방적 조치들 또한 취해져야 한다. 정부가 활용 가능한 도구(정책)들 중 하나는 플라스틱 세금을 부과하는 것이다. 이런 조치는 플라스틱 인기의 주요한 원인, 바로 저렴하다는 점을 직접적으로 다루기는 하지만 보편적인 인기를 끌지는 못할 수도 있다.

D 많은 사람들은 그 해답이 소비자와 제조업체의 행동에 있다고 주장한다. 후자(제조업체)와 관련해서는, 제품의 포장에 있어 더 환경적인 책임을 지는 것과 미세플라스틱의 생산을 가능한 한 줄이는 것을 의미한다. 예를 들어, 더 이상 미세 플라스틱 알갱이를 치약과 화장품에 넣는 것에 대해 그럴듯한 변명의 여지는 없다.

E 소비자로서는 무책임한 생산자들의 제품에 대한 불매운동을 하는 동시에, 쇼핑백, 물병, 일회용 커피컵과 같은 일회용품을 줄이고자 하는 제조업체의 노력에 협력할 필요가 있다. 합성 섬유의 세탁 과정에서 미세플라스틱이 방출되기 때문에, 심지어 어떤 옷을 고를지도 고민해야 한다. 그러므로 플라스틱과의 전쟁에서는 천연 섬유가 더 나은 선택인 것이다. 퀄리티 있는 재활용 제도에의 폭넓은 참여는 필수라는 것은 두말할 나위가 없다.

F 모든 점을 감안할 때, 문제는 플라스틱 그 자체보다는 전통적 재료에 대한 값싼 대안에 넋을 잃는 사람들이다. 플라스틱이 인간의 음식과 음료 속에 숨은 피할 수 없는 물질이 되기 전에 전 세계적으로 그 사용을 멈출 필요성이 있다.

Level : Intermediate ★★

Vocabulary

plumbing : 배관, 배관 작업
on the flipside : 이면에는, 다른 관점에서는
ingestion : 섭취
edible : 먹을 수 있는
beg the question : 특정 질문을 불러일으키다
admirable : 감탄스러운, 존경할만한
universally : 보편적으로
microplastics : 미세플라스틱
release : 방출하다, 내보내다
all things considered : 모든 사항을 고려하여

malleable : 성형이 쉬운, 잘 변하는
advocate : 옹호하다, 지지하다
food chain : 먹이 사슬
accumulation : 축적, 누적
stem : (흐름을) 막다, 저지하다
preventative measures : 예방 조치, 예방책
curtail : 축소시키다
disposable : 일회용의
it goes without saying : 말할 필요도 없이
the latter : (앞에 언급된 두 가지 중) 후자 / 전자는 the former라고 한다

TEST 11

READING PASSAGE

This is a man's world (at least when it comes to sport)

American boxer Floyd Mayweather was widely celebrated in 2018 for returning to the top of the Forbes list of the world's highest earning athletes. Yet again, there was an impressive array of sport stars throughout the top 100. The size of the numbers next to the dollar signs was positively dizzying. Far more disappointing was the total absence of women in the rankings.

Mayweather's exploits in the ring earned him a cool $275m. Not bad for a day's work, as he took that money home after a single match against Ireland's Conor McGregor, who had to settle for fourth place on the Forbes list. Their fight in 2017 earned them a combined salary of nearly $400m, despite boxing's sliding popularity in recent years compared to the top American and European sports. Mayweather transcends boxing though, as shown by his marketing status. His endorsements alone earned him $10m. No wonder they call him Floyd 'Money' Mayweather.

A pair of living football legends came in second and third place. Barcelona's Argentine forward Lionel Messi was ranked second based on his personal takings, while rival Cristiano Ronaldo came in third. That might have dented the pride of Real Madrid's goal machine Ronaldo, who had been top of the list for the past two years running.

Even though the superstars of boxing and football reached the highest earning heights, basketball players actually dominated the top 100, taking up 40 of the places. Apparently this was down to the NBA's rising salary cap driven by the selling of television rights. In fact, Americans were dominant generally. 66 U.S. athletes made the list, with American football and baseball players respectively coming behind basketball's contingent when breaking down the data by sport.

Disappointingly for advocates of gender equality, there were no women among the athletes from 11 different sports. There had always been at least one woman on the list since it was expanded in 2010, but last year's female representative, Serena Williams, fell out of the top 100.

The list is a reminder of how the wild popularity of sports in the U.S. and Europe has driven salaries to astronomical levels. But it is also a story of inequality. Athletes who happen to be female or competing outside one of the elite professional American or European leagues may be forgiven for feeling a little unlucky, especially those who work just as hard as their wealthier counterparts. After all, $3.8bn is a lot of money to share between 100 men. Considering that figure rose 23 per cent from last year, the imbalance is not likely to improve in a hurry.

Questions 1-5

Do the following statements agree with the information given in the text?

In boxes 1-5 on your answer sheet, write

TRUE	*if the statement agrees with the information*
FALSE	*if the statement contradicts with the information*
NOT GIVEN	*if there is no information on this*

1. The list of the highest earning sport stars in a renowned magazine had no women athletes in 2018.
2. Mayweather is also known for making great fortune from his marketing activities.
3. The largest portion of the Forbes list is taken by the basketball stars, and it is because of the popularity of the sport worldwide.
4. The Forbes list is made up of the athletes in the field of boxing, football and basketball.
5. There were a few female stars in the list of year 2017.

Questions 6-10

Complete the sentences below.

Choose **ONE WORD OR A NUMBER ONLY** from the text for each answer.

6. Mayweather and McGregor made a huge fortune in late 2010s when the boxing's .... was not as big as it used to be.
7. The rival of Lionel Messi was ranked third of the Forbes list, which probably .... his pride for giving up the top place.
8. 40% of the list was taken up by the .... players since their income rose due to the television rights issues.
9. The fact that the list showed a total absence of the female athletes disappointed the .... of gender equality.
10. The .... - between those on the list and those not - in the sport industry will take some time to improve.

Chapter 04 TEST 11 문제해석

Questions 1-5

Do the following statements agree with the information given in the text?

In boxes 1-5 on your answer sheet, write

다음의 보기가 지문의 내용과 일치하는지 판단하여 답안을 작성하세요.

TRUE	if the statement agrees with the information
	지문의 정보와 일치할 때
FALSE	if the statement contradicts with the information
	지문의 정보와 모순될 때
NOT GIVEN	if there is no information on this
	지문에서 찾을 수 없을 때

1 The list of the highest earning sport stars in a renowned magazine had no women athletes in 2018.
유명한 잡지에서 발표하는 2018년도 최고의 수익을 올린 스포츠 스타 리스트에는 여성 선수가 없다.

2 Mayweather is also known for making great fortune from his marketing activities.
메이웨더는 그의 홍보 활동을 통해서도 막대한 수입을 얻는 것으로 알려져 있다.

3 The largest portion of the Forbes list is taken by the basketball stars, and it is because of the popularity of the sport worldwide.
Forbes 리스트의 가장 큰 부분은 농구 선수들이 차지하고 있으며, 이는 농구가 세계적으로 인기있는 종목이기 때문이다.

4 The Forbes list is made up of the athletes in the field of boxing, football and basketball.
Forbes 리스트는 복싱, 축구, 농구 선수들로만 이루어져 있다.

5 There were a few female stars in the list of year 2017.
2017년 리스트에는 몇몇 여성 선수들이 있었다.

TEST 11 문제풀이

> 유형
> **T/F/NG** 문제의 내용이 지문의 내용과 일치하는지 여부를 묻는 객관식 문제

1 TRUE
첫번째 단락을 통해 여성 선수들이 2018년도 리스트에 부재함을 알 수 있고, 다섯 번째 단락을 통해 11개 종목을 통틀어 여성 선수가 없다는 점을 알 수 있다.

2 TRUE
메이웨더가 그의 본업인 복싱 경기 뿐 아니라 광고 등을 통해서도 천만달러의 수입을 올리고 있기에 플로이드 '머니' 메이웨더라는 별명도 가지고 있다는 내용을 본문에서 찾아 답을 작성한다.

3 FALSE
농구 선수들이 100개의 순위 중 40개 이상의 자리를 차지하고 있다는 내용까지는 맞지만, 이것의 직접적인 이유는 이 스포츠의 인기 때문이 아니라 TV 중계권과 이에 따른 저작권료 때문에 선수들의 연봉이 올랐기 때문이라고 설명되어 있다.

4 FALSE
세번째 단락을 통해 미식 축구(American football) 선수들 또한 리스트에 올라있음을 알 수 있으며, 다섯 번째 단락을 통해 11가지 정도의 종목에서 선수들이 Forbes 순위에 올라왔음을 알 수 있다.

5 NOT GIVEN
여성 선수에 대한 내용은 2010년 이후에 적어도 한 명씩은 순위에 올랐다는 내용과 2017년 리스트에는 테니스 스타 Serena Williams가 있었다는 것이 유일하다. 2017년에 몇 명이 더 있었는지는 알 수 없는 내용이다.

TEST 11 문제해석

Questions 6-10

Complete the sentences below.

*Choose **ONE WORD OR A NUMBER ONLY** from the text for each answer.*
지문에서 각 문제의 답을 **한 단어 혹은 하나의 숫자**로 찾아 아래 문장들을 완성하세요.

6　Mayweather and McGregor made a huge fortune in late 2010s when the boxing's ……………… was not as big as it used to be.
　메이웨더와 맥그리거는 권투의 ……………… 가 과거만큼 크지 않았던 2010년대 후반에도 많은 돈을 벌었다.

7　The rival of Lionel Messi was ranked third of the Forbes list, which probably ……………… his pride for giving up the top place.
　리오넬 메시의 라이벌은 포브스 리스트 3위에 올랐는데, 이것은 1위 자리를 내주어야 했던 그의 자존심에 ……………… 것이다.

8　40% of the list was taken up by the ……………… players since their income rose due to the television rights issues.
　포브스 리스트의 40%는 ……………… 선수들이 차지했는데 이것은 TV 중계권 이슈와 관련된 임금 상승 때문이었다.

9　The fact that the list showed a total absence of the female athletes disappointed the ……………… of gender equality.
　포브스 리스트에서 여성 선수를 찾아볼 수 없다는 사실은 성평등을 ……………… 에게 실망감을 주었다.

10　The ……………… - between those on the list and those not - in the sport industry will take some time to improve.
　스포츠 업계에서 나타나는 리스트에 오른 자들과 오르지 못한 자들 간의 ……………… 은 정상화되기까지 시간이 걸릴 것이다.

Chapter 04 TEST 11 문제풀이

Short Answer 질문에 간단하게 답하는 주관식 문제

6 popularity
메이웨더가 포브스 순위에서 최상단을 차지할 수 있었던 이유는 권투가 인기를 잃어가던 2017년에도 경기를 통해 큰 돈을 벌었기 때문이다. Used to라는 표현이 과거의 상태를 나타내는 것에 유의하며 popularity를 답으로 적는다.

7 dented
일단 이 문장에서 주어로 나오는 사람이 호날두라는 것을 파악해야 한다. 지문에서도 living football legend, rival, Real Madrid's goal machine 등으로 다양하게 표현되고 있으며, 호날두가 지난 2년 간 포브스 리스트의 1위를 차지했었지만 이번에는 3위에 올라 자존심에 상처가 났을 수도 있다는 문장을 통해 답을 찾고 과거형으로 적는다.

8 basketball
포브스 리스트에서 가장 다수의 자리를 차지한 종목은 농구였다. 네번째 문단을 통해 100명의 선수 중 40명이 농구 선수였다는 내용을 확인할 수 있다.

9 advocates
문제에서 나온 'gender equality'는 항상 붙어 다니는 표현(collocation)으로 지문에서도 동일한 표현을 힌트로 삼아 앞뒤로 답을 찾는다.

10 inequality / imbalance
포브스 리스트에 오른 선수들과 오르지 못한 선수들의 차이에 대해 나타내는 두 단어 모두 답이 될 수 있다. 마지막 문장에 쓰인 not likely to improve in a hurry가 take some time to improve로 paraphrase된 것에 유의한다.

This is a man's world (at least when it comes to sport)

American boxer Floyd Mayweather was widely celebrated in 2018 for returning to the top of the Forbes list of the world's highest earning athletes. Yet again, there was an impressive array of sport stars throughout the top 100. The size of the numbers next to the dollar signs was positively dizzying. Far more disappointing was the total absence of women in the rankings. **Q1**

Mayweather's exploits in the ring earned him a cool $275m. Not bad for a day's work, as he took that money home after a single match against Ireland's Conor McGregor, who had to settle for fourth place on the Forbes list. Their fight in 2017 earned them a combined salary of nearly $400m, despite boxing's sliding popularity **Q6** in recent years compared to the top American and European sports. Mayweather transcends boxing though, as shown by his marketing status. His endorsements alone earned him $10m. **Q2** No wonder they call him Floyd 'Money' Mayweather.

A pair of living football legends came in second and third place. Barcelona's Argentine forward Lionel Messi was ranked second based on his personal takings, while rival Cristiano Ronaldo came in third. That might have dented **Q7** the pride of Real Madrid's goal machine Ronaldo, who had been top of the list for the past two years running.

Even though the superstars of boxing and football reached the highest earning heights, basketball **Q8** players actually dominated the top 100, taking up 40 of the places. Apparently this was down to the NBA's rising salary cap driven by the selling of television rights. **Q3** In fact, Americans were dominant generally. 66 U.S. athletes made the list, with American football and baseball players respectively coming behind basketball's contingent when breaking down the data by sport.

Disappointingly for advocates **Q9** of gender equality, there were no women among the athletes from 11 different sports. **Q4** There had always been at least one woman on the list since it was expanded in 2010, **Q5** but last year's female representative, Serena Williams, fell out of the top 100.

The list is a reminder of how the wild popularity of sports in the U.S. and Europe has driven salaries to astronomical levels. But it is also a story of inequality. **Q10** Athletes who happen to be female or competing outside one of the elite professional American or European leagues may be forgiven for feeling a little unlucky, especially those who work just as hard as their wealthier counterparts. After all, $3.8bn is a lot of money to share between 100 men. Considering that figure rose 23 per cent from last year, the imbalance **Q10** is not likely to improve in a hurry.

이 곳은 남자의 세상이다 (적어도 스포츠에 관한 한)

미국의 복싱 선수 Floyd Mayweather(플로이드 메이웨더)는 2018년 포브스 선정 세계에서 가장 수입이 많은 운동 선수의 상위권에 복귀한 것으로 널리 축하받았다. 하지만 역시, 상위 100위 안에 들어간 스포츠 스타들의 리스트는 인상적이었다. 달러 표시 옆에 쓰인 숫자의 크기도 어지러울 정도로 놀라웠다. 특히 실망스러웠던 것은 이 순위에 여성 선수가 전혀 들어가지 않았다는 것이다.

링에서 보인 메이웨더의 업적은 그에게 2억 7천 5백만 달러를 벌어다 주었다. 포브스 리스트에서 4위에 만족해야 했던 아일랜드의 코너 맥그리거와의 단판 승부로 가져간 돈 치고는 일당으로 나쁘지 않은 금액이다. 미국과 유럽에서 최고로 사랑받는 스포츠에 비해 최근 몇 년간 권투의 인기가 떨어졌음에도 불구하고, 2017년 펼쳐진 그들의 경기는 두 사람을 합산 4억 달러 정도의 수익을 안겨주었다. 메이웨더의 마케팅 활동에서 보여지듯 그는 그저 복싱 선수가 아니다. 그의 홍보 활동만으로도 그는 천만 달러를 벌었다. 플로이드 '머니' 메이웨더라고 부르는 게 당연히 들릴 정도이다.

2위와 3위는 살아있는 축구의 전설 한 쌍이 차지했다. 팀 바르셀로나의 아르헨티나 출신 공격수 리오넬 메시(Lionel Messi)가 개인 기록을 기준으로 2위에 올랐고, 라이벌 크리스티아누 호날두(Christiano Ronaldo)가 3위에 올랐다. 지난 2년 연속 1위를 차지했던 레알 마드리드의 골 넣는 기계, 호날두의 자존심에 상처가 났을 수도 있다.

비록 권투와 축구의 슈퍼스타들이 가장 높은 리스트의 자리에 도달했지만, 사실 상 농구 선수들이 상위 100개의 자리 중 40개를 차지하며 명단의 대부분을 차지했다. 이것은 분명 텔레비전 중계권 판매로 인해 상승한 NBA의 연봉 상한선 때문이다. 또 다른 사실은 미국 국적의 선수들이 전반적으로 우세했다는 것이다. 66명의 미국인 선수들이 리스트에 올랐는데, 스포츠별 데이터로 분석해보면 미식 축구와 야구 선수들이 농구 선수들 다음으로 많은 자리를 차지한다.

성평등을 옹호하는 사람들에게는 실망스럽게도, 기타 11개 종목의 선수 중에는 여성이 없었다. 2010년 확대된 이후 이 명단에는 항상 최소 한 명의 여성 스타가 있었지만, 지난해 여성 선수의 대표였던 세레나 윌리엄스는 100위권 밖으로 밀려났다.

이 목록은 미국과 유럽에서 스포츠의 폭발적인 인기가 어떻게 선수들의 연봉을 천문학적인 수준으로 끌어올렸는지를 상기시켜준다. 하지만 그것은 또한 불평등에 대한 이야기이기도 하다. 여성의 성을 가진 운동 선수이거나, 미국이나 유럽에서 마이너 구단 활동을 하는 선수들은, 부유한 선수들처럼 열심히 한다고 해도 불행하다고 느끼는 것에 죄책감을 가지지 않아도 된다. 결국 38억 달러는 100명의 남성들이 나누기에는 큰 돈이다. 지난 해보다 23% 증가한 것을 감안하면 불균형이 서둘러 개선되지는 않을 것으로 보인다.

Vocabulary

- athlete : 운동 선수
- sliding popularity : 감소하는 인기
- dent the pride : 자존심에 상처를 내다
- respectively : 각각, 개별적으로
- astronomical : 천문학적인
- counterpart : 상대방, 대응 관계에 놓인 것 혹은 사람
- exploit : 업적
- transcend : 초월하다
- dominate : 지배하다, 압도하다
- contingent : 대표단
- inequality : 불평등
- despite : ~에도 불구하고 (전치사)
- endorsement : 광고, 홍보
- apparently : 듣자하니, 보아하니
- representative : 대표자, 대표

Level : Intermediate ★★

Did stress make the human brain so big?

A It is a longstanding scientific curiosity: why do people have such big brains? The human might be considered the most intelligent animal the world has known, but the subject of why that should be the case remains intriguing. It seems ironic that scientists are able to use their own grey matter to ponder this question in the first place, but that aside, the clue to human intellectual development may actually lie in having to deal with stressful situations.

B Firstly for clarification, when the human brain is described as 'big', it refers to its disproportionate size. The sperm whale's brain, for example, is more than five times heavier than that of a person. What matters more is the ratio between a brain's weight and that of its accompanying body. The human ratio is around 1:50, compared with 1:180 in the majority of mammals. Other considerations include the brain's composition - people have a relatively large cerebral cortex, which supports thinking, memory and communication. Moreover, since *Homo habilis* emerged around two million years ago, the size of the human brain has doubled. That is quite a feat, especially as the amount of grey matter boasted by *Homo habilis* was already an impressive upgrade compared with even earlier ancestors.

C Coming back to the issue of why that should be so, it had been widely believed that the human brain expanded in response to increasingly complex social interactions. But Scotland-based research suggests that this hypothesis may need to be reversed, and that instead the impact of environmental stresses could have been the most decisive factor.

D The environmental stresses theory is based on the idea that people were forced to think of creative ways to survive threats to their shelter and food supply. The researchers in question propose that the human brain responded to these challenges by becoming bigger. Of course, it is impossible for scientists to travel in time to verify this hypothesis. However, the researchers came up with a mathematical model to determine whether ecological factors influenced brain growth more than social causes. They found that the human brain grew thanks to having to solve problems such as hunting in adverse conditions or finding ways to preserve food and clean water.

E On the other hand, the social complexity theory looks less certain when viewed through the researchers' model, which shows that cooperation between early humans might have even caused their brains to shrink because they would have been able to reduce stresses by sharing resources and working together to overcome difficulties.

F The tentative conclusion of the researchers is that societies probably became more complex because of the human brain's growth, rather than the other way round.

Questions 1-5

Complete the summary below.

*Choose **ONE WORD ONLY** from the text for each answer.*

Write your answers in boxes 1-5 on your answer sheet.

Three theories on the reasons behind the big brains of humans

Among any other creatures in the world, humans have big brains. When it comes to the ratio between one's weight and its **1** .... body, it is known to be 3.6 times bigger than that of many mammals.

There are three opinions which support the unusual size. The first is that human brains evolved to be big to deal with the complex social **2** .... , but this has been challenged by the next hypothesis, the **3** .... stresses theory. It addresses that the mankind had to think in a rather creative way to protect their lives, food and shelters. Therefore, human brains must have enough room to solve life-facing problems. The last one is the social **4** .... theory - still somewhat uncertain - tells that through sharing resources and working together, the brain could **5** .... pressure and its size shrunk.

Questions 6-10

Look at the following list of headings (Question 6-10).

Match each heading with the correct paragraph, **A-F**.

Write the correct letter, **A-F**, in boxes 6-10 on your answer sheet.

6 One of the widely known, but reverted hypothesis
7 The theory argues the human brain actually became smaller
8 The question and the controversy around the size of human brains
9 The most probably scenario behind the 'big' brains
10 Things to consider when we talk about the size

Chapter 04 — TEST 12 문제해석

Questions 1-5

Complete the summary below.

*Choose **ONE WORD ONLY** from the text for each answer.*

Write your answers in boxes 1-5 on your answer sheet.

지문을 읽고 아래 요약문을 완성하세요.

각 문제의 답을 지문에서 찾아 **하나의 단어**로 작성하세요.

Three theories on the reasons behind the big brains of humans

Among any other creatures in the world, humans have big brains. When it comes to the ratio between one's weight and its **1** .... body, it is known to be 3.6 times bigger than that of many mammals.

There are three opinions which support the unusual size. The first is that human brains evolved to be big to deal with the complex social **2** .... , but this has been challenged by the next hypothesis, the **3** .... stresses theory. It addresses that the mankind had to think in a rather creative way to protect their lives, food and shelters. Therefore, human brains must have enough room to solve life-facing problems. The last one is the social **4** .... theory - still somewhat uncertain - tells that through sharing resources and working together, the brain could **5** .... pressure and its size shrunk.

인류의 큰 두뇌 뒤에 숨겨진 이유에 대한 세 가지 이론

인간은 세상의 어떤 생물보다도 큰 두뇌를 가지고 있다. 몸무게와 **1** .... 사이의 비율에 관한 한, 인간의 뇌는 다른 많은 포유류보다 3.6배 더 큰 것으로 알려져 있다.

이렇게 특이한 크기를 지지하는 세 가지 의견이 있다. 첫번째는 인간의 뇌가 복잡한 사회적 **2** .... 을 다루기 위해 크게 진화했다는 주장이지만, 이는 다음 가설인 **3** .... 스트레스 이론에 의해 도전을 받고 있다. 이 이론은 인류가 그들의 생명, 음식, 그리고 피난처(집)를 보호하기 위해 다소 창의적인 방법으로 생각해야 했다고 말한다. 그러므로 인간의 뇌는 삶을 직면하는 문제들을 해결할 충분한 공간을 확보해야 했다. 아직 불확실하다고 받아들여지는 마지막 이론은 사회적 **4** .... 이론인데, 자원의 공유와 협업을 통해서 뇌는 압박(스트레스)를 **5** .... 수 있었고 뇌의 크기도 수축했을 것이라 말한다.

Chapter 04 | TEST 12 문제풀이

Summary 지문의 내용을 요약한 문장의 빈칸을 채우는 주관식 문제

1 accompanying
인간의 뇌가 다른 포유류보다 크다는 내용은 두번째 문단에서 찾을 수 있는데 뇌의 물리적인 크기보다는 몸 전체에서 차지하는 비율에서 나타나는 크기의 문제로 접근한다. 이 중 뇌의 무게와 그 뇌를 지니고 다니는 몸의 무게에 대해 언급한 문장에서 답을 찾을 수 있다.

2 interactions
2~4번 문제는 각 이론의 제목을 찾아 적합한 단어를 넣으면 된다. 인간 두뇌의 크기를 설명하는 첫번째 주장은 사회적 상호작용 이론으로, 두번째 이론에 밀려서 짧게 기술되어 있다.

3 environmental
가장 신뢰도를 얻고 있는 이론으로 보이지만 과학자들이 그 시대를 살아보지 않았기 때문에 여전히 가설로만 남아있는 환경적 스트레스 이론이다. 다양한 방법으로 생존을 고민하다 보니 문제 해결을 위해 뇌가 커졌다는 주장이다.

4 complexity
마지막 이론은 오히려 뇌가 줄어들어서 지금의 사이즈가 되었다는 주장인데 인간이 살아가며 자원을 공유하고 협업을 하면서 스트레스를 오히려 덜 받게 되었다는 내용이 기술되어 있다.

5 reduce
위의 사회 복잡성 이론에서 주장하는 내용 중 어려움을 극복하는 과정에서 자원 공유와 협업을 통해 스트레스가 줄어들었다는 내용이 있다.

Chapter 04 — TEST 12 문제해석

Questions 6-10

Look at the following list of headings (Question 6-10).
Match each heading with the correct paragraph, **A-F**.
Write the correct letter, **A-F**, in boxes 6-10 on your answer sheet.
아래 보기의 5개 주제와 매칭되는 단락을 찾아 A–F로 답을 작성하세요.

6   One of the widely known, but reverted hypothesis
    널리 알려졌지만 반박된 가설

7   The theory argues the human brain actually became smaller
    인간의 뇌가 사실은 작아졌다고 주장하는 이론

8   The question and the controversy around the size of human brains
    인간 뇌의 크기에 대한 의문과 논란들

9   The most probably scenario behind the 'big' brains
    '큰' 뇌를 설명하는 가장 그럴듯한 시나리오

10 Things to consider when we talk about the size
    크기에 대해 이야기할 때 고려해야할 것들

Chapter 04 TEST 12 문제풀이

유형

Heading 보기에서 각 단락의 주제문을 찾는 객관식 문제

6 C

인간 뇌의 크기에 대한 여러 연구가 있었지만 복잡한 사회적 상호작용에 대해 반응하기 위하여 커졌다는 가설이 가장 널리 믿겼다고 한다. 하지만 스코틀랜드에서 진행된 연구가 이를 반박하며 환경적 스트레스 이론이 이어진다.

7 E

사회 복잡성 이론은 위의 연구들이 '커졌다'는 결과에 집중할 때에 오히려 '수축하여 지금의 크기가 된 것'이라고 주장하고 있다. 하지만 이 이론은 정확성이 떨어지는 것으로 받아들여지는 듯하다.

8 A

인간 뇌의 크기에 대한 질문은 상당히 오랫동안 과학적 호기심을 자극한 연구 주제로 다양한 이야기들이 오가고 있다. 이 연구를 진행하는 과학자들조차 그들의 지식이 담긴 큰 뇌를 사용하고 있으며, 다양한 연구 결과들이 '스트레스'를 견디며 뇌가 커진 것이 아닐까라고 추측하는 것 같다.

9 D

현 시점에서 가장 연구가 많이 진행된 이론으로 보이는 환경적 스트레스 이론에 대해 본격적으로 설명하는 문단이다. 수학적 모델을 이용한 증명을 통해 인간이 생존을 위해 뇌를 쓰고, 그로 인해 크기가 커졌다는 연구 결과에 대해서도 소개하고 있다.

10 B

인간의 뇌를 '크다'고 말할 때, 단순히 물리적인 크기가 아닌 동반하는 몸과의 비율을 따져봐야 하는 것에 대해 다른 동물의 예시를 들며 말하는 문단이다. 또한 뇌의 구성에 대해서도 고려해봐야 한다고 말하며 인간의 진화 과정을 설명하기도 한다.

Level : **Intermediate** ★★

Did stress make the human brain so big?

A It is a longstanding scientific curiosity: why do people have such big brains? The human might be considered the most intelligent animal the world has known, but the subject of why that should be the case remains intriguing. Q8 It seems ironic that scientists are able to use their own grey matter to ponder this question in the first place, but that aside, the clue to human intellectual development may actually lie in having to deal with stressful situations.

B Firstly for clarification, when the human brain is described as 'big', it refers to its disproportionate size. The sperm whale's brain, for example, is more than five times heavier than that of a person. What matters more is the ratio between a brain's weight and that of its accompanying Q1 body. The human ratio is around 1:50, compared with 1:180 in the majority of mammals. Other considerations include the brain's composition - people have a relatively large cerebral cortex, which supports thinking, memory and communication. Q10 Moreover, since *Homo habilis* emerged around two million years ago, the size of the human brain has doubled. That is quite a feat, especially as the amount of grey matter boasted by *Homo habilis* was already an impressive upgrade compared with even earlier ancestors.

C Coming back to the issue of why that should be so, it had been widely believed that the human brain expanded in response to increasingly complex social interactions. Q2 But Scotland-based research suggests that this hypothesis may need to be reversed, Q6 and that instead the impact of environmental stresses could have been the most decisive factor.

D The environmental Q3 stresses theory is based on the idea that people were forced to think of creative ways to survive threats to their shelter and food supply. The researchers in question propose that the human brain responded to these challenges by becoming bigger. Of course, it is impossible for scientists to travel in time to verify this hypothesis. However, the researchers came up with a mathematical model to determine whether ecological factors influenced brain growth more than social causes. Q9 They found that the human brain grew thanks to having to solve problems such as hunting in adverse conditions or finding ways to preserve food and clean water.

E On the other hand, the social complexity Q4 theory looks less certain when viewed through the researchers' model, which shows that cooperation between early humans might have even caused their brains to shrink because they would have been able to reduce Q5 stresses by sharing resources and working together to overcome difficulties. Q7

F The tentative conclusion of the researchers is that societies probably became more complex because of the human brain's growth, rather than the other way round.

스트레스가 인간의 뇌를 크게 만들었을까?

A   '인간은 왜 그렇게 큰 뇌를 가지고 있는가'라는 것은 오랫동안 지속되고 있는 과학적 호기심의 주제이다. 인간은 세상에서 가장 지적인 동물로 여겨질 수 있지만, 왜 그래야 하는지에 대한 주제는 여전히 흥미를 자극한다. 애초에 과학자들이 이 질문에 대해 고민하기 위해 그들의 지식(회백질)을 사용한다는 것이 아이러니하지만, 차치하고라도, 인간의 지능 발달은 실제로 스트레스를 받는 상황 때문이었을 수 있다.

B   먼저 확실히 해야 할 것은, 인간의 뇌가 '크다'고 설명할 때, 이는 뇌의 불균형한 크기를 뜻하는 것이다. 예를 들어 향유고래의 뇌는 사람의 뇌보다 5배 이상 무겁다. 여기서 더 중요한 것은 뇌의 무게와 그를 동반하는 몸의 무게 간의 비율이다. 인간은 1:50 정도인데 반해 대부분의 포유류는 1:180 정도이다. 또 고려해 보아야 할 사항은 뇌의 구성인데, 인간은 상대적으로 큰 대뇌피질을 가지고 있고, 이것은 사고, 기억, 그리고 의사소통을 지원한다. 게다가, 호모 하빌리스가 약 2백만 년 전에 출현한 이후, 인간 두뇌의 크기는 두 배가 되었다. 특히 호모 하빌리스가 자랑하는 회백질의 양이 그 이전의 조상들과 비교했을 때 이미 인상적인 변화였기 때문에 더 주목할 만하다.

C   두뇌가 왜 더 커야 하는지에 대한 문제로 돌아가서, 인간의 뇌는 점점 더 복잡해지는 사회적 상호작용에 반응하여 확장되었다고 널리 믿어져 왔다. 그러나 스코틀랜드에 기반을 둔 연구는 이 가설에 반대를 제기하며, 대신 환경적 스트레스가 가장 결정적인 영향을 미쳤을 수 있다고 제안한다.

D   환경적 스트레스 이론은 인간이 그들의 피난처와 식량 공급에 대한 위협으로부터 살아남기 위한 창의적인 방법들을 생각하도록 강요받았다는 생각에 기초한다. 이 가설(문제)의 연구원들은 인간의 뇌가 이러한 도전에 크기를 더 키움으로써 반응했다고 제안한다. 물론 과학자들이 이 가설을 증명하기 위해 시간 여행을 하는 것은 불가능하다. 하지만, 연구원들은 생태학적 요인이 사회적 원인보다 뇌의 성장에 더 큰 영향을 미쳤는지를 결정할 수 있는 수학적 모델을 고안해냈다. 그들은 인간의 뇌가 악조건에서의 사냥이나 음식과 깨끗한 물을 보존하는 방법을 찾아야 하는 것과 같은 문제들을 해결하는 덕분에 성장했다는 것을 발견했다.

E   반면, 연구자들의 사례를 통해 볼 때 확실성이 낮아 보이는 사회 복잡성 이론은 초기 인간들 간의 협력이 자원을 공유하고 힘을 합쳐 어려움을 극복함으로써 스트레스를 줄이고 심지어 뇌를 위축시켰을 수도 있다고 주장한다.

F   연구원들은 이 사회가 아마도 인간 뇌의 성장 때문에 더 복잡해졌을 것이라고 잠정적으로 결론을 내리고 있다.

Vocabulary

longstanding : 오랜 기간에 걸친, 다년간의
grey matter : 뇌의 회백질 (비격식 상황에서 지능, 지성으로 쓰이기도 한다.)
clarification : 명료화, 명확하게 하기
composition : 구성
boast : 자랑하다, 뽐내다
in response to : ~에 반응하여
decisive : 결정적인
adverse : 불운한, 불리한

intriguing : 아주 흥미로운
ponder : 곰곰이 생각하다
disproportionate : 균형이 안 맞는
feat : 뛰어난 업적
ancestor : 조상
hypothesis : 가설
verify : 입증하다, 확인하다
tentative : 잠정적인

Sugar is sour for body and mind

A Mary Poppins' timeless advice has rung through children's ears for generations: "A spoonful of sugar helps the medicine go down." Perhaps so, but too many spoonsful can start a vicious cycle in which much more medicine is required to deal with illnesses associated with obesity - and the problem goes deeper into the human psyche.

B Almost cruelly exploiting the way people's taste buds have evolved to desire sweetness, sugar's addictive impact on the brain has been compared to that of some illegal drugs. A little candy here and there is not such an issue, but the problems start snowballing when the brain's reward system is constantly being fed. "Over-activating this reward system kickstarts a series of unfortunate events - loss of control, craving, and increased tolerance to sugar," according to TED-Ed presenter and neuroscientist Nicole Avena.

C This is bad news for anyone trying to stay healthy without changing the way they eat. Various forms of sugar are hidden in most packaged foods, so it can be tricky trying to follow the World Health Organisation's recommendation to keep the sweet stuff's daily caloric contribution down to 5 per cent. People are still advised to take more control of what they consume though, as an editorial in the British Journal of Sports Medicine points out that "poor diet now generates more disease than physical inactivity, alcohol and smoking combined."

D Worryingly, sugar appears to be just as bad for the mind as the body. A 2012 study by scientists at UCLA discovered that a high-fructose diet slows down the brain. In more technical language, it damages synaptic activity, thus impairing communication between brain cells. "Our study shows that a high-fructose diet harms the brain as well as the body," lead author Dr. Fernando Gomez-Pinilla stated "this is something new."

E Additionally, sugar spikes are known to cause other mental health issues due to mood swings. There are even solid links between sweet foods and depression, given how sugar affects the mood-boosting neurotransmitter serotonin, as well as potentially causing neuroinflammation. Studies have demonstrated that teenagers are particularly vulnerable, although researchers have found increasing evidence connecting sugar with dementia. For example, insulin resistance and blood glucose levels have been shown to not only indicate diabetes, but also raise the risk of Alzheimer's disease.

F In summary, it is good advice to keep sugar consumption down for a host of reasons. But as scientists learn more about the differences in brain circuitry between individuals, along with the role of intestinal bacteria in driving cravings, it may be easier to dish out such words of wisdom than to follow them.

Questions 1-5

Choose the correct letter **A**, **B**, or **C**.

1   What is the main topic the writer addresses?

   A   Sugar enriches food and makes it easier to take medicines.

   B   People should be cautious about excessive sugar intake.

   C   Sugar actually tastes sour, but the brain cannot feel it.

2   The disease which is not particularly related to the sugar consumption is

   A   Dementia

   B   Obesity

   C   Serotonin

3   Nicole Avena said that the brain's reward system may result in

   A   A series of side effects from taking illegal drugs

   B   Physical inactivity

   C   Higher tolerance to sugar

4   According to the UCLA study done in 2012, sugar causes

   A   Poor communication between synapses

   B   More craving for alcohol and cigarettes

   C   Better mood control

5   Which sentence is false regarding the relationship between sugar and mental health?

   A   Not only diabetes, but dementia can be caused by careless sugar ingestion.

   B   The old are more likely to be affected.

   C   It may cause depression because sugar impairs neuro system.

Chapter 04 — TEST 13 문제해석

Questions 1-5

Choose the correct letter **A**, **B**, or **C**.
A, B, 혹은 C의 보기 중 답을 고르세요.

1 What is the main topic the writer addresses?
   이 지문을 통해 필자가 주장하는 것은 무엇입니까?
   A Sugar enriches food and makes it easier to take medicines.
      설탕은 음식의 풍미를 올려주며 약을 더 쉽게 먹을 수 있게 해준다.
   B People should be cautious about excessive sugar intake.
      사람들은 과도한 설탕 섭취에 대해 주의해야한다.
   C Sugar actually tastes sour, but the brain cannot feel it.
      설탕은 실제로 신 맛이 나지만 뇌는 그것을 느낄 수 없다.

2 The disease which is not particularly related to the sugar consumption is
   설탕 소비와 특별히 관계되어 있지 않은 질병은 다음 중 무엇입니까?
   A Dementia 치매
   B Obesity 비만
   C Serotonin 세로토닌

3 Nicole Avena said that the brain's reward system may result in
   다음 중 Nicole Avena가 말한 뇌의 보상 시스템 작동의 결과는 무엇입니까?
   A A series of side effects from taking illegal drugs 불법 약의 섭취에 따른 부작용들
   B Physical inactivity 운동 부족
   C Higher tolerance to sugar 설탕에 대한 높아진 내성

4 According to the UCLA study done in 2012, sugar causes
   2012년에 UCLA에서 연구한 결과에 따르면, 다음 중 설탕으로 인해 발생할 수 있는 상황은 무엇입니까?
   A Poor communication between synapses 시냅스 간의 불통
   B More craving for alcohol and cigarettes 많은 술과 담배에 대한 갈증
   C Better mood control 더 나은 기분 조절

5 Which sentence is false regarding the relationship between sugar and mental health?
   설탕과 정신 건강의 관계에 대한 다음의 문장 중 틀린 것은 무엇입니까?
   A Not only diabetes, but dementia can be caused by careless sugar ingestion.
      혈당 스파이크는 당뇨병뿐만 아니라 치매도 유발할 수 있다.
   B The old are more likely to be affected.
      나이든 사람들이 더 취약하다.
   C It may cause depression because sugar impairs neuro system.
      설탕이 망가뜨린 신경망 때문에 우울증이 초래될 수도 있다.

Chapter 04 TEST 13 문제풀이

> **유형**
> **Multiple Choice** 문제의 답을 보기에서 고르는 객관식 문제

1 B

언뜻보면 글을 다 읽고 이해해야만 풀 수 있는 문제 같지만 보기를 다 읽어본다면 첫 문단만 읽고도 답을 찾을 수 있는 문제이다. 필자는 이 글을 통해 신체적, 정신적으로 나타날 수 있는 현상을 예시로 들며 지나친 당분 섭취에 대한 위험성을 알리고자 한다. 제목에서 쓰인 'sour'라는 단어의 다양한 뜻을 알고 있었다면, 제목에 쓰인 sour는 '안 좋은, 상한', 그리고 보기 C에 쓰인 sour는 '신 맛' 임을 파악할 수 있다.

2 C

과도한 설탕 섭취로 인한 질병의 이름이 여러 개가 등장했지만 보기 C의 세로토닌은 질병의 이름이 아닌 기분을 조절하는 호르몬의 이름이다. A, B가 질병을 나타내는 것임을 정확하게 알고 있다면 성격이 다른 단어 하나를 찾아내는 등의 스킬로 지문을 읽지 않고도 풀 수 있는 문제이다. 참고로, 이 지문에 등장한 모든 질병의 이름 (obesity, diabetes, depression, dementia)은 일상 생활에서도, IELTS에서도 자주 등장하는 단어이니 꼭 외워두는 것을 추천한다.

3 C

Nicole Avena라는 이름이 어떤 단락에서 등장했는지를 빠르게 찾는다. 두번째 문단의 마지막 줄을 통해 Nicole Avena가 TED-Ed 강연자이자 신경과학자임을 파악한 후 그녀의 강연에서 발췌된 내용을 해석해본다. 설탕 중독으로 인해 다양한 부작용들이 나타나는데 그 중 하나가 설탕에 대해 높아진 내성이다.

 보기 A의 경우 'illegal drugs'때문에 답과 헷갈릴 수 있으나, 지문에서 불법 마약과 관련 지을 수 있는 것은 'addictive impact' 밖에 없기 때문에 이에 대한 확실한 부작용에 대한 내용이 나오지 않는 것을 확인하고 정답으로 넘겨짚지 않도록 한다.

4 A

지문 전체에 걸쳐 다양한 이름과 제목들이 등장하는데 이 중에서 2012년 UCLA와 관련이 있는 문단은 네번째 문단이다. 이 문단을 통해 많은 과당이 뇌의 활동을 둔화 시킨다는 연구 결과를 'damages synaptic activity'로 설명한 문장을 찾을 수 있다. 이를 paraphrase한 보기가 A이므로 A를 정답으로 적는다.

5 B

높은 확률로 보통의 Listening과 Reading 문제는 문단의 흐름에 따라 순서대로 출제된다. 다섯번째 문단에서 다루고 있는 설탕과 정신 건강의 관계에 대해 잘 읽어보고 5번 문제를 풀면 된다. 혈당 스파이크가 초래할 수 있는 정신적인 문제에 대해서 다룬 문단이며, 노인보다는 어린이와 청소년(teenagers)이 더 영향을 받기 쉽다는 문장이 있으므로 보기 중 틀린 문장은 B이다.

Sugar is sour for body and mind

A Mary Poppins' timeless advice has rung through children's ears for generations: "A spoonful of sugar helps the medicine go down." [Perhaps so, but too many spoonsful can start a vicious cycle in which much more medicine is required to deal with illnesses associated with obesity - and the problem goes deeper into the human psyche. Q1]

B Almost cruelly exploiting the way people's taste buds have evolved to desire sweetness, sugar's addictive impact on the brain has been compared to that of some illegal drugs. A little candy here and there is not such an issue, but the problems start snowballing when the brain's reward system is constantly being fed. ["Over-activating this reward system kickstarts a series of unfortunate events - loss of control, craving, and increased tolerance to sugar," according to TED-Ed presenter and neuroscientist Nicole Avena. Q3]

C This is bad news for anyone trying to stay healthy without changing the way they eat. Various forms of sugar are hidden in most packaged foods, so it can be tricky trying to follow the World Health Organisation's recommendation to keep the sweet stuff's daily caloric contribution down to 5 per cent. People are still advised to take more control of what they consume though, as an editorial in the British Journal of Sports Medicine points out that "poor diet now generates more disease than physical inactivity, alcohol and smoking combined."

D Worryingly, sugar appears to be just as bad for the mind as the body. [A 2012 study by scientists at UCLA discovered that a high-fructose diet slows down the brain. In more technical language, it damages synaptic activity, thus impairing communication between brain cells. Q4] "Our study shows that a high-fructose diet harms the brain as well as the body," lead author Dr. Fernando Gomez-Pinilla stated "this is something new."

E Additionally, sugar spikes are known to cause other mental health issues due to mood swings. There are even solid links between sweet foods and depression, given how sugar affects [the mood-boosting neurotransmitter serotonin, Q2] as well as potentially causing neuroinflammation. [Studies have demonstrated that teenagers are particularly vulnerable, Q5] although researchers have found increasing evidence connecting sugar with dementia. For example, insulin resistance and blood glucose levels have been shown to not only indicate diabetes, but also raise the risk of Alzheimer's disease.

F In summary, it is good advice to keep sugar consumption down for a host of reasons. But as scientists learn more about the differences in brain circuitry between individuals, along with the role of intestinal bacteria in driving cravings, it may be easier to dish out such words of wisdom than to follow them.

설탕은 몸과 마음을 상하게 한다.

A 메리 포핀스의 시대를 초월한 충고는 대대로 아이들의 귀에 울려 퍼졌다. "설탕 한 스푼은 약을 삼키는데 도움이 된단다." 그럴지도 모르지만, 너무 많은 설탕 스푼은 비만과 싸우기 위해 훨씬 더 많은 약을 필요로 하는 악순환을 야기할 수 있고, 인간의 정신 건강까지 영향을 준다.

B 사람들의 미뢰가 단맛을 원하도록 진화했듯이, 설탕이 뇌에 미치는 중독적인 영향력은 불법 약물과 비교되어왔다. 작은 사탕 정도야 큰 문제는 아니지만, 단맛에 따른 뇌의 보상 작용이 지속적으로 일어날 때 문제가 눈덩이처럼 불어나기 시작한다. TED-Ed 강연자이자 신경과학자인 니콜 아베나는 '이 보상 시스템이 과도하게 활성화될 때 통제력 상실, 갈망, 설탕에 대한 내성 증가 등 일련의 불행한 사건들이 시작된다.'고 말했다.

C 이러한 사실은 식단을 바꾸지 않고 건강을 유지하려는 누구에게나 그닥 좋은 소식은 아니다. 다양한 형태의 설탕이 대부분의 가공 식품에 숨겨져 있기 때문에, 당분으로 발생되는 칼로리가 하루 섭취량의 5% 미만이 되도록 낮추라는 세계보건기구의 권고를 따르는 것은 어려울 수 있다. 사람들은 본인들이 먹는 것에 대해 더 신경써야 한다는 말을 많이 듣지만, 영국 스포츠 의학 저널의 사설에 따르면 '건강하지 않은 식단은 운동 부족, 음주와 흡연을 모두 합친 것 보다 더 많은 질병을 일으킬 수 있다'고 한다.

D 걱정스럽게도 설탕은 몸뿐만 아니라 정신에도 좋지 않은 것으로 보인다. UCLA 과학자들은 2012년에 진행된 연구를 통해 높은 과당의 식단이 뇌를 둔화시킨다는 것을 발견했다. 보다 전문적인 언어로 표현한다면, 당분이 많은 식단은 시냅스 활동을 손상시켜 뇌 세포 간의 의사소통에 장애를 일으킨다. 이 연구 논문의 주요 저자인 페르난도 고메스 피닐라 박사는 '우리는 연구를 통해 높은 과당의 식단이 신체뿐만 아니라 뇌에도 해롭다는 것을 새롭게 발견했다'고 말했다.

E 게다가, 혈당 스파이크는 감정 변화로 인한 기타 정신 건강 문제들을 일으키는 것으로 알려져 있다. 기분을 좋게 하는 신경 전달물질인 세로토닌에 설탕이 미치는 영향과, 잠재적으로는 설탕이 신경 염증까지 유발할 수 있다는 점을 생각해 볼 때, 단 음식과 우울증은 확실한 연관이 있다. 비록 당분과 치매의 관련성에 대한 증거들이 속속 발견되고 있긴 하지만, 발표된 연구들은 청소년들이 특히 취약하다는 것을 입증했다. 예를 들어, 인슐린 저항성과 혈당 수치는 당뇨병 뿐만 아니라 알츠하이머의 위험도 높이는 것이다.

F 요약하자면, 설탕 섭취를 줄이는 것은 다양한 관점에서 봤을 때 좋은 조언이다. 하지만 설탕을 갈망하게 하는 장내 세균의 역할과 개인의 뇌 회로의 차이에 대해 과학적인 사실들을 더 많이 알게 되면서, 메리 포핀스의 지혜가 담긴 말을 따르는 것보다는 잊는 편이 더 쉬울 것이다.

Vocabulary

- timeless : 시간을 초월한
- psyche : 심리
- constantly : 끊임없는, 거듭되는
- tolerance : 내성, 관용, 인내
- contribution : 기여, 기부
- mood-boosting : 기분을 끌어올리는
- insulin resistance : 인슐린 저항성
- brain circuitry : 뇌의 회로
- a vicious cycle : 악순환
- exploit : 개척하다, 개발하다, 착취하다, 이용하다
- kickstart : 시동을 걸다
- packaged food : 포장된 식품
- consume : 소비하다
- vulnerable : 상처받기 쉬운, 취약한, 연약한
- indicate : 나타내다, 내비치다
- obesity : 비만
- addictive : 중독적인
- crave : 갈망하다, 열망하다
- recommendation : 추천, 권고
- impair : 손상시키다, 악화시키다
- dementia : 치매
- diabetes : 당뇨병

Level : Intermediate ★★

Chapter 05

Reading Test 14~20

Level : Advanced ★★★

- Writing과 Speaking 시험에 확실히 도움이 될 고품격 지문 총 7개
- 매우 높은 독해력과 풍부하고 다양한 어휘가 받쳐줘야만 풀 수 있는 총 60개의 문제 수록
- 지문 전체를 통해 정확한 정보의 탐색은 물론, 맥락을 파악하는 위주로 문제에 도전해보자.
- 이 난이도의 모든 문제를 맞추면 7.0이라는 점수에 한층 가까워진다!

TEST 14

READING PASSAGE

A tale of two volcanoes

The sight of lava spewing from a volcano is at once awe-inspiring. Nature's fury rarely seems to be better expressed than the associated molten rivers of fire and giant ash clouds. But two recent eruptions demonstrate how different one volcanic eruption can be from another. Volcan de Fuego in Guatemala was fast-moving and deadly ; on the other, Hawaii's Kilauea produced a slow-motion spectacle.

Volcan de Fuego, which means 'fire volcano' in Spanish, claimed dozens of lives in June 2018. Yet Kilauea's only real threat was to anything that did not - or could not - heed the gradual warning of its sluggish movement. The reason for this distinction may be grasped by realising that Fuego is a stratovolcano, while Kilauea is of the shield variety. The former can throw out bursts of lava and ash, whereas the latter is known for its inch-by-inch ooze.

A closer examination reveals more about why they are so different. The global media's coverage of Fuego has focused a lot on the word 'pyroclastic'. Pyroclastic flows are particularly dangerous because they are like fast-moving avalanches made up of hot rocks and ash.

When an eruption explodes from Fuego's crater, loose rocks and debris get deposited onto the volcano's slopes. Pyroclastic flows form when the ash and rocks, some as large as boulders, create hot, fast avalanches that rapidly descend. The loose rocks that are left behind can remain dangerous when heavy rains mix with debris to create mudflows. This is a particular risk in a wet climate such as can be found in Guatemala. Still, what happened in 2018 caught local residents by surprise. Fuego had not caused such human devastation since 1902, when thousands of people lost their lives.

Unlike Fuego's thick and sticky magma, which has the tendency to trap air and thus build pressure, Kilauea's magma is relatively runny. Shield volcanoes get their name because they have a low profile and look like a warrior's shield that has been placed on the ground. Although not particularly steep, they are known for being very big compared to other volcanoes. Kilauea has been slowly expanding for some time. Its name means 'spewing' or 'much spreading' and indeed it has been erupting almost constantly since 1983. The slow movement of its lava gives people time to escape, but it has still caused significant property damage over the years, as well as producing poor air quality.

Questions 1-5

Complete the table below.

Choose **ONE WORD ONLY** *from the text for each answer.*

	Volcan de Fuego	Kilauea
Country / State	Guatemala	Hawaii, USA
Recent **1**	June 2018	1983
Movement of lava	**2** .... and deadly	Inch-by-inch ooze
Features	• Stratovolcano • Pyroclastic (speedy **3** .... made with hot rocks and ash)	• Runny lava • Resembles a **4** .... on the ground • Slowly spewing over a long period of time
Scale of damage	• **5** .... people's lives	• Took a toll on properties • Produced dusty air

Chapter 05 — TEST 14 문제해석

Questions 1-5

Complete the table below.

*Choose **ONE WORD ONLY** from the text for each answer.*

지문에서 각 문제의 답을 **한 단어**로 찾아 아래 표를 완성하세요.

	Volcan de Fuego	**Kilauea**
Country / State	Guatemala	Hawaii, USA
Recent **1**	June 2018	1983
Movement of lava	**2** .... and deadly	Inch-by-inch ooze
Features	• Stratovolcano • Pyroclastic (speedy **3** .... made with hot rocks and ash)	• Runny lava • Resembles a **4** .... on the ground • Slowly spewing over a long period of time
Scale of damage	• **5** .... people's lives	• Took a toll on properties • Produced dusty air

	Volcan de Fuego	**Kilauea**
국가 / 주	과테말라	미국 하와이
최근 **1**	2018년 6월	1983년
용암의 움직임	**2** .... 이며 치명적이다	조금씩 스며 나온다
특징	• 성층화산 • 화산 쇄설암 구성 (뜨거운 바위와 재가 섞여 빠른 **3** .... 를 형성)	• 흐르는 용암 • 땅에 놓인 **4** .... 와 같이 생겼음 • 긴 시간에 걸쳐 천천히 분출함
피해 규모	• 사람의 목숨을 **5**	• 재산에 막대한 피해 • 공기 중으로 먼지 분출

Chapter 05 | TEST 14 문제풀이

> **유형**
> **Table** 표의 빈칸을 채우는 주관식 문제

1 eruptions
본문 중 연도가 나오는 곳을 찾고, 이 해당 연도와 관련이 있는 정보를 연결한다. 두 개의 화산이 활동했던 이력 중 가장 최근에 해당하는 연도이므로 '분출', '폭발'을 의미하는 eruptions를 답으로 적는다.

2 fast-moving
용암의 움직임에 대해 채우는 부분이며, Volcan de Fuego가 보였던 용암의 분출과 흐름의 특징을 찾아서 답을 적는다. 하와이의 Kilauea 화산이 조금씩 용암을 내보내며 천천히 흐르는 것과 반대로 Volcan de Fuego는 강력한 폭발을 일으키며 분출된 용암이 빠르고 치명적으로 흐른 것을 알 수 있다. 다만, 답을 적을 때 문제에서 제시된 'ONE WORD ONLY'라는 조건에 주의하며 fast와 moving사이를 꼭 hyphen로 이어주어야 한다.

3 avalanches
각 화산의 형성과 모양새 등의 특징에 대해 채워 넣어야 하는 문제로 본문을 통해 세부내용을 꼼꼼히 파악해야 한다. 문제에 등장한 'pyroclastic'이라는 단어가 어떤 의미를 가졌는지를 설명하는 부분을 찾아서 빈 칸을 채울 수 있는데, made up of가 made with로 paraphrasing된 부분에 주의하며 답을 적는다.

4 shield
하와이의 화산이 보인 특징 중 모양과 관련된 답을 찾아본다. 본문의 초반부터 여러 번 등장한 단어이기 때문에 빈칸의 앞에 기재된 'a'에 주의하며 단수형의 명사를 답으로 적는다.

5 claimed
두 화산이 미친 피해의 정도에 대해 묻는 문제이다. 천천히 흘러나오기 때문에 대피할 시간을 주는 하와이의 화산과는 달리, 급작스럽게 폭발하는 과테말라의 화산은 많은 인명 피해를 초래했다. 과거형 동사로 적어야 답이 되며, 추후 많이 사용될 수 있는 collocation이므로 이번 기회에 잘 외워 두도록 한다.

A tale of two volcanoes

The sight of lava spewing from a volcano is at once awe-inspiring. Nature's fury rarely seems to be better expressed than the associated molten rivers of fire and giant ash clouds. But two recent eruptions demonstrate how different one volcanic eruption Q1 can be from another. Volcan de Fuego in Guatemala was fast-moving Q2 and deadly; on the other, Hawaii's Kilauea produced a slow-motion spectacle.

Volcan de Fuego, which means 'fire volcano' in Spanish, claimed Q5 dozens of lives in June 2018. Yet Kilauea's only real threat was to anything that did not - or could not - heed the gradual warning of its sluggish movement. The reason for this distinction may be grasped by realising that Fuego is a stratovolcano, while Kilauea is of the shield variety. The former can throw out bursts of lava and ash, whereas the latter is known for its inch-by-inch ooze.

A closer examination reveals more about why they are so different. The global media's coverage of Fuego has focused a lot on the word 'pyroclastic'. Pyroclastic flows are particularly dangerous because they are like fast-moving avalanches Q3 made up of hot rocks and ash.

When an eruption explodes from Fuego's crater, loose rocks and debris get deposited onto the volcano's slopes. Pyroclastic flows form when the ash and rocks, some as large as boulders, create hot, fast avalanches that rapidly descend. The loose rocks that are left behind can remain dangerous when heavy rains mix with debris to create mudflows. This is a particular risk in a wet climate such as can be found in Guatemala. Still, what happened in 2018 caught local residents by surprise. Fuego had not caused such human devastation since 1902, when thousands of people lost their lives.

Unlike Fuego's thick and sticky magma, which has the tendency to trap air and thus build pressure, Kilauea's magma is relatively runny. Shield volcanoes get their name because they have a low profile and look like a warrior's shield Q4 that has been placed on the ground. Although not particularly steep, they are known for being very big compared to other volcanoes. Kilauea has been slowly expanding for some time. Its name means 'spewing' or 'much spreading' and indeed it has been erupting almost constantly since 1983. The slow movement of its lava gives people time to escape, but it has still caused significant property damage over the years, as well as producing poor air quality.

두 화산 이야기

용암이 화산에서 뿜어져 나오는 광경은 경외심을 불러일으킨다. 자연의 분노는 뜨거운 용암의 강과 거대한 화산재 구름보다 더 잘 표현될 수 없을 것만 같다. 그러나 최근 두 번의 화산 폭발은 한 화산의 폭발이 다른 화산의 폭발과 얼마나 다를 수 있는지를 보여준다. 과테말라의 Volcan de Fuego는 빠르게 움직이고 치명적이었던 반면, 하와이의 Kilauea는 슬로우 모션과 같은 장관을 연출했다.

스페인어로 '불타는 화산'을 뜻하는 Volcan de Fuego는 2018년 6월에 폭발하여 수십명의 목숨을 앗아갔다. 그러나 Kilauea가 지녔던 유일한 위협은 느린 움직임이 주는 점진적인 경고에 주의를 기울이지 않거나 할 수 없었던 것들에게만 해당되었다. 이러한 구별의 이유는 Fuego가 성층 화산이고, Kilauea는 방패 화산(순상 화산)의 일종이라는 것을 깨달음으로써 알 수 있을 것이다. 전자는 용암과 재를 뿜어내듯 분출하는 반면, 후자는 용암이 조금씩 흘러나오는 것으로 알려져 있다.

자세히 살펴보면 왜 그들이 그렇게 다른지 더 많이 알 수 있다. Fuego에 대한 세계 언론의 보도는 '피로클라스틱(화산 쇄설암으로 이루어진)'이라는 단어에 많은 초점이 맞춰져 있다. 화산 쇄설암의 흐름은 뜨거운 바위와 재로 구성된 빠른 눈사태와 같기 때문에 특히 더 위험하다.

Fuego의 분화구에서 폭발이 일어날 때, 바위들과 잔해들이 화산의 경사면으로 퇴적된다. 피로클라스틱은 돌덩이만큼 큰 화산재와 바위가 빠르게 내려오는 뜨겁고 빠른 눈사태를 형성할 때 만들어진다. 남겨진 느슨한 바위들은 폭우가 파편과 섞여 진흙 흐름을 만들 때 위험하게 남아있을 수 있다. 이것은 과테말라와 같은 습한 기후에서 특히 위험하다. 2018년의 폭발은 지역 주민들을 놀라게 했다. Fuego는 수천명의 사람들이 목숨을 잃은 1902년 이후로는 그러한 인명 피해를 야기하지 않았기 때문이다.

공기를 가두어 압력을 만드는 성질이 있는 Fuego의 두껍고 끈적한 마그마와 달리 Kilauea의 마그마는 상대적으로 흘러내리는 모습이다. 방패 화산은 형태가 낮고 땅에 놓인 전사의 방패처럼 생겼기 때문에 그 이름이 붙여졌다. 특별히 가파르지는 않지만, 다른 화산에 비해 매우 큰 것으로 알려져 있다. Kilauea는 상당 기간동안 천천히 몸집을 키워 왔다. 이 화산의 이름은 '분출하기' 또는 '많이 퍼지기'를 의미하며 실제로 1983년 이래로 거의 끊임없이 분출하는 중이다. 용암의 느린 움직임은 사람들이 탈출할 시간을 주지만, 수년에 걸친 심각한 재산 피해를 입었고 공기의 질도 훼손하였다.

 Vocabulary

spew : 분출하다
eruption : 폭발, 분화, 분출
gradual : 점진적인
avalanche : 사태
descend : 내려오다

awe-inspiring : 경외심을 불러일으키는, 장엄한
claim a life : 목숨을 빼앗다
sluggish : 느릿느릿 움직이는
boulder : 바위
devastation : 대대적인 파괴, 황폐

molten : 녹은 (melt)
heed : 주의를 기울이다
grasp : 잡다, 움켜쥐다, 이해하다
coverage : 취재, 보도
by surprise : 불시에

READING PASSAGE

Tokyo shows how to keep housing affordable

A Urban authorities increasingly face the challenge of ensuring the availability of affordable housing. Buying or even renting a home in big cities can feel like an impossible obstacle for young people and newcomers. A noteworthy exception to this rule is Tokyo. The Japanese capital went through a land price bubble just three decades ago, but the situation is very different now.

B A primary factor behind Tokyo's success has been its oversupply of homes. The basic economic theory of demand and supply tells us that when the latter rises, prices should drop. Japan's capital has seen its housing stock soar since the 1960s. According to Tokyo's Housing and Land Survey, the city had 7.36 million homes in 2013, up from 2.51 million in 1963. This rate of growth was around twice as fast as that of London, New York and Paris.

C Tokyo has also witnessed rising demand for housing, but residential buildings have been added faster than households. In 1963, the Japanese capital could claim to have 2.69 million households. Half a century later, it boasted 6.51 million occupied homes. Despite a low fertility rate that has led to a national population shrinkage, Tokyo has remained a magnet. The Tokyo Metropolis area saw the addition of close to 950,000 people between 2005 and 2015, while the Greater Tokyo region's number of residents expanded to 37.8 million. However, that still left a surplus of about 850,000 homes.

D Moreover, Tokyo has not simply spread out. Its land use grew by about 1.5 per cent from 2006 to 2011, compared to the city's quantity of homes jumping by 9.2 per cent during the same period. Demonstrating the relative absence of urban sprawl, one might find twice as many dwellings in the same area of land in Tokyo as in London. A closer analysis shows how the Japanese capital's average household size fell from 3.6 people in 1963 to 2.0 in 2013. With so many houses to choose from, residents have been able to afford to live alone. The cost of housing in a city like London, on the other hand, forces strangers to live together.

E If others want to follow Tokyo's model, they may need an attitude shift and a legal environment that has allowed Japan's central government to take greater control over local development, overriding concerns about the impact of oversupply on housing prices. Cities seeking to emulate the Japanese capital would also need to build upwards, allowing densification. Ultimately, it boils down to whose needs are prioritised.

Questions 1-5

Complete the flow-chart below.

Choose **NO MORE THAN TWO WORDS** from the text for each answer.

Tokyo's success in housing price control

1960s
- The Japanese government noticed that its **1** .... was skyrocketing.
- 2.51 million houses with 2.69 million households according to the statistics.

Measures taken
- Prioritisation of the needs of the residents
- A **2** .... for the central government to lead the local development to a certain extent
- Oversupply of homes

2010s
- The **3** .... buildings exceeded the number of households
  - 7.36 million houses with 6.51 million **4** .... homes in 2013 regardless of the low birth rate.
  - Its growth speed was about two times as fast as that of other big cities such as London, Paris and New York.
- Close to one million additional population flooded into Tokyo between 2005 and 2015.
- The city's land use improved by 1.5% by 2011 while showing the relative absence of **5** ....
- The average household size of the city was 2.0, indicating that more residents could afford their single lives.

TEST 15

Advanced ★★★

Questions 6-10

Do the following statements agree with the information given in the text?

In boxes 6-10 on your answer sheet, write

- **TRUE** if the statement agrees with the information
- **FALSE** if the statement contradicts with the information
- **NOT GIVEN** if there is no information on this

6   Newcomers to Tokyo around 1960s could not find a place to live because of its lack of housing.

7   The number of residents in Tokyo increased even under a low birth rate nationwide.

8   More families flooded into Tokyo before the city got ready to accommodate their demands of residential buildings.

9   Due to the insufficient number of dwellings, the residents in London have no choice but sharing the place with the strangers.

10 Tokyo solved its housing problem by supplying plenty of residential buildings over a few decades.

NOTE

Chapter 05

TEST 15 문제해석

Questions 1-5

Complete the flow-chart below.

*Choose **NO MORE THAN TWO WORDS** from the text for each answer.*

지문에서 각 문제의 답을 **두 단어가 넘어가지 않게** 찾아 아래 순서도를 완성하세요.

Tokyo's success in housing price control   도쿄 집값 안정 정책의 성공

1960s   1960년대
- The Japanese government noticed that its **1** .... was skyrocketing.
  일본 정부는 **1** .... 이 치솟고 있다는 것을 알아챘다.
- 2.51 million houses with 2.69 million households according to the statistics.
  1963년에 보고된 통계에 따르면 269만 가구에 251만개의 주택이 있었다.

⬇

Measures taken   실행된 해결책들
- Prioritisation of the needs of the residents   거주자의 수요를 우선 시 함
- A **2** .... for the central government to lead the local development to a certain extent
  중앙 정부가 어느 정도까지는 지역 개발을 이끌어 갈 수 있도록 **2** .... 이 조성됨
- Oversupply of homes   주택의 초과 공급

⬇

2010s   2010년대
- The **3** .... buildings exceeded the number of households
  3 .... 건물의 수가 가구 수를 넘어섰다.
  - 7.36 million houses with 6.51 million **4** .... homes in 2013 regardless of the low birth rate.
    낮은 출생율에도 불구하고 2013년 기준, 736만개의 주택 중 651만개가 **4** .... 것으로 나타났다.
  - Its growth speed was about two times as fast as that of other big cities such as London, Paris and New York.
    이 성장세는 런던, 파리, 뉴욕 등의 대도시보다 약 두 배 정도 빠른 것이다.
- Close to one million additional population flooded into Tokyo between 2005 and 2015.
  2005년과 2015년 사이에 100만명에 가까운 인구가 도쿄시로 밀려들어왔다.
- The city's land use improved by 1.5% by 2011 while showing the relative absence of **5** ....
  상대적으로 낮은 **5** .... 현상을 보이며 2011년까지 대지 사용율이 1.5% 늘어났다.
- The average household size of the city was 2.0, indicating that more residents could afford their single lives.
  평균적으로 2인 가정을 이루고 있는데, 이는 더 많은 거주자들이 혼자의 삶을 책임질 수 있음을 나타낸다.

TEST 15 문제풀이

Flow Chart 순서도의 빈칸을 채우는 주관식 문제

1 housing stock
수요와 공급의 법칙에 따라 주택의 수가 부족해진 것을 파악한 일본 정부는 집값이 치솟을 것이라는 것을 눈치챘다. 본문에서는 '급격히 올라가다'라는 뜻으로 soar라는 단어가 사용되었지만 문제에서는 skyrocket으로 paraphrasing되었다.

2 legal environment
지문에서는 맨 마지막 문단에서 취해진 정책들에 대한 내용이 나오지만 문제에서는 흐름도의 구성 상 두번째에 배치되었다. 따라서 지문의 순서와 문제의 순서가 다르다는 점을 먼저 파악한다.
일본 중앙 정부가 도쿄 지역의 문제를 해결하기 위해 정책을 펼치려면 법적인 제도와 환경의 도움이 필요했다는 내용이 등장한다.

3 residential
정책이 실현된 이후에 문제가 해결되고, 그 해결 과정에서 나타난 현상들이 나열되어 있다. 주거용 집이 부족한 문제가 있었던 만큼 '주택, 주거, 거주'와 관련된 단어들을 평소에 익혀 두었다면 조금 더 수월하게 3번과 4번 문제를 풀 수 있었을 것이다.
또한 지문에서 'added faster than'으로 풀어 쓰여진 표현이 exceed라는 단어로 함축되어 나온 점도 문제를 푸는 데에 큰 힌트가 된다.

4 occupied
도쿄의 예시는 주택의 초과 공급으로 인해 많은 집이 비어 있는 결과를 낳기도 했지만, 도시가 급격히 성장하는 시간과 급격한 인구 유입, 그리고 낮은 출산율을 겪는 과정 속에서도 상당히 많은 집들이 성공적으로 필요한 사람들에게 공급되고, 실제 거주용으로 쓰고 있었음을 세번째 문단을 통해 알 수 있다.

5 urban sprawl
도쿄는 다른 대도시들의 성장과 비교했을 때 상대적으로 적은 도시 확장의 모습을 보였다. 그리고 이러한 확장 현상을 나타내는 용어를 찾아서 답으로 쓰면 된다.

Chapter 05 | TEST 15 문제해석

Questions 6-10

Do the following statements agree with the information given in the text?

In boxes 6-10 on your answer sheet, write

다음의 보기가 지문의 내용과 일치하는지 판단하여 답안을 작성하세요.

TRUE	if the statement agrees with the information
	지문의 정보와 일치할 때
FALSE	if the statement contradicts with the information
	지문의 정보와 모순될 때
NOT GIVEN	if there is no information on this
	지문에서 찾을 수 없을 때

6. Newcomers to Tokyo around 1960s could not find a place to live because of its lack of housing.
   1960년대에 도쿄로 새로 유입된 사람들은 집이 부족하여 거주지를 찾을 수 없었다.

7. The number of residents in Tokyo increased even under a low birth rate nationwide.
   전국적인 낮은 출산율에도 불구하고 도쿄 거주자는 증가했다.

8. More families flooded into Tokyo before the city got ready to accommodate their demands of residential buildings.
   도쿄시가 거주용 빌딩의 수요를 소화할 준비를 갖추기도 전에 많은 가족(가구)들이 도쿄로 몰려들었다.

9. Due to the insufficient number of dwellings, the residents in London have no choice but sharing the place with the strangers.
   부족한 집의 수 때문에 런던의 거주자들은 낯선 사람들과 집을 공유할 수밖에 없다.

10. Tokyo solved its housing problem by supplying plenty of residential buildings over a few decades.
    도쿄는 수십년에 걸쳐 거주용 건물을 공급함으로써 주택 문제를 해결했다.

TEST 15 문제풀이

> 유형
> **T/F/NG** 문제의 내용이 지문의 내용과 일치하는지 여부를 묻는 객관식 문제

6 NOT GIVEN
1960년대부터 집값이 상승하고, 1963년의 현황을 보여주는 통계 수치도 있지만, 이 때에 도쿄로 유입된 인구가 거주지 찾기와 관련된 문제를 겪었는지에 대한 이야기는 나와있지 않다.

7 TRUE
문단 C를 통해 해당 내용을 찾을 수 있는데 낮은 출산율에 따라 전국적으로 인구 감소가 일어나는 와중에도 도쿄시는 '자석처럼' 사람들을 끌어들였다고 적혀있다.

8 FALSE
문단 C의 첫 문장을 통해 가구 수 보다 주택의 수가 더 빠르게 증가했다는 내용과, 같은 문단의 마지막 줄을 통해 85만 채의 잉여 주택이 남아있다는 내용을 찾을 수 있다. 그러므로 보기의 문장은 틀린 내용이다.

9 FALSE
문단 D의 후반부를 보면 많은 주택의 수 때문에 1인 가구도 충분히 본인의 경제적인 능력으로 집을 구할 수 있는 도쿄의 상황과 대비하여, 집값이 비싼 런던의 거주자들은 낯선 사람들과 강제적으로 함께 공간을 공유하며 살 수 밖에 없다는 내용이 나온다. 따라서 주택 수가 아닌 높은 가격이 문제이므로 보기는 틀린 문장이다.

10 TRUE
도쿄시는 1960년대에 집값의 급격한 상승을 알아챈 이후로 2010년대까지 꾸준히 주택 물량을 공급함으로써 부동산의 가격을 성공적으로 조절했다. 해당 내용을 가장 정확히 찾을 수 있는 곳은 문단 B이다.

Tokyo shows how to keep housing affordable

A Urban authorities increasingly face the challenge of ensuring the availability of affordable housing. Buying or even renting a home in big cities can feel like an impossible obstacle for young people and newcomers. A noteworthy exception to this rule is Tokyo. The Japanese capital went through a land price bubble just three decades ago, but the situation is very different now.

B [A primary factor behind Tokyo's success has been its oversupply of homes. Q10] The basic economic theory of demand and supply tells us that when the latter rises, prices should drop. [Japan's capital has seen its housing stock Q1 soar since the 1960s. Q6] According to Tokyo's Housing and Land Survey, the city had 7.36 million homes in 2013, up from 2.51 million in 1963. This rate of growth was around twice as fast as that of London, New York and Paris.

C Tokyo has also witnessed rising demand for housing, [but residential Q3 buildings have been added faster than households. Q8] [In 1963, the Japanese capital could claim to have 2.69 million households. Q6] Half a century later, it boasted 6.51 million occupied Q4 homes. [Despite a low fertility rate that has led to a national population shrinkage, Tokyo has remained a magnet. Q7] [The Tokyo Metropolis area saw the addition of close to 950,000 people between 2005 and 2015, while the Greater Tokyo region's number of residents expanded to 37.8 million. However, that still left a surplus of about 850,000 homes. Q8]

D Moreover, Tokyo has not simply spread out. Its land use grew by about 1.5 per cent from 2006 to 2011, compared to the city's quantity of homes jumping by 9.2 per cent during the same period. Demonstrating the relative absence of urban sprawl, Q5 one might find twice as many dwellings in the same area of land in Tokyo as in London. A closer analysis shows how the Japanese capital's average household size fell from 3.6 people in 1963 to 2.0 in 2013. With so many houses to choose from, residents have been able to afford to live alone. [The cost of housing in a city like London, on the other hand, forces strangers to live together. Q9]

E If others want to follow Tokyo's model, they may need an attitude shift and a legal environment Q2 that has allowed Japan's central government to take greater control over local development, overriding concerns about the impact of oversupply on housing prices. Cities seeking to emulate the Japanese capital would also need to build upwards, allowing densification. Ultimately, it boils down to whose needs are prioritised.

도쿄가 보여준 주택 가격 안정의 예시

A   도시 당국은 점점 더 저렴한 주택의 가용성을 보장해야 하는 도전에 직면해 있다. 대도시에서 집을 사거나 임대하는 것은 젊은 사람들과 새로 유입된 사람들에게 극복할 수 없는 장애물로 느껴질 수도 있다. 이 규칙의 주목할 만한 예외는 도쿄이다. 일본의 수도(도쿄)는 불과 30년 전만 해도 부동산 거품을 겪었지만, 지금은 상황이 많이 다르다.

B   도쿄의 성공의 주된 요인은 주택의 초과 공급이었다. 수요와 공급의 기본 경제 이론은 후자가 오르면 가격이 하락해야 한다고 말한다. 일본의 수도는 1960년대부터 주택 가격이 급등했다. 도쿄의 주택 및 토지 조사(Tokyo's Housing and Land Survey)에 따르면, 1963년에는 251만 채의 주택이 있었지만 2013년에는 736만 채로 늘어났다. 이 성장률은 런던, 뉴욕, 파리에 비해 두 배 정도 빠른 것이다.

C   집에 대한 수요가 증가한다는 것을 도쿄시도 알고는 있었지만 거주용 건물이 유입된 가구 수보다 빠르게 늘어났다. 1963년 일본의 수도는 269만 가구가 있다고 발표했다. 반세기 후, 이 도시는 651만 채의 점유된 주택을 자랑했다. 낮은 출산율로 인해 전국적으로 인구가 감소했음에도 불구하고, 도쿄는 여전히 자석처럼 인구를 끌어당긴다. 도쿄 지역은 2005년에서 2015년까지 95만명에 육박하는 인구가 유입된 반면, 도쿄를 둘러싼 도쿄 권역은 3,780만명으로 거주 인구가 확대됐다. 그러나 여전히 약 85만개의 초과 공급된 주택이 남아있다.

D   게다가 도쿄는 단순히 확장된 것이 아니다. 2006년부터 2011년까지 토지 사용은 약 1.5% 증가했으며, 같은 기간 주택 수는 9.2% 증가했다. 도시 스프롤 현상이 상대적으로 나타나지 않으면서도, 같은 면적이라면 런던보다 도쿄에서 두 배 많은 주거지를 찾을 수 있다. 더 자세히 분석한 자료를 보면 일본 수도의 평균 가구 규모가 1963년 3.6명에서 2013년 2.0명으로 감소한 과정도 알 수 있다. 선택할 수 있는 집이 너무 많기 때문에, 거주자들은 혼자 살 여유가 생겼다. 반면에 런던 같은 도시의 주택 가격은 낯선 사람들이 함께 살도록 강요한다.

E   만약 도쿄의 모델을 따르고 싶다면 주택의 초과 공급이 집값에 미칠 영향에 대한 우려를 뛰어넘어 일본의 중앙 정부가 지방 발전을 더 크게 통제할 수 있는 태도의 전환과 법적 환경이 조성되어야 할 지도 모른다. 일본 수도를 모방하려는 도시들은 또한 밀집화를 허용하면서 집을 더 높게 쌓아 올리는 방향으로 건설할 필요가 있을 것이다. 궁극적으로 누구의 수요를 우선적으로 생각할 것인가가 가장 중요하다.

Vocabulary

face the challenge : 문제를 직면하다, 도전을 마주하다
obstacle : 장애물, 장애
oversupply : 공급 과잉
a low fertility rate : 낮은 출산율
override : 기각하다, 무시하다, 더 우선시하다
densification : 치밀화
prioritise : 우선순위를 매기다
urban sprawl : 도시 스프롤 현상 (도시 개발이 근접 지역으로 무질서하게 확산되는 현상)
affordable : 지불할 수 있는, 가격이 알맞은
noteworthy : 주목할 만한
boast : 자랑하다, 뽐내다
population shrinkage : 인구 감소
emulate : 모방하다
boil down to sth : 결국 ~로 결론나다

TEST 16

READING PASSAGE

The myth of the British accent

The British accent is known throughout the world. From prime ministers to renowned actors, when famous people speak with so-called Received Pronunciation (RP), it immediately conjures up a certain impression of intelligence and good manners. But it is estimated that as little as 2 percent of the British public talk like this. In fact, many people find it remarkable that a relatively small country like Britain actually features many accents.

RP is the accent most often featured on British public broadcasting programmes. Perhaps this is because it is generally considered to be mild and easy to understand. It is also therefore a favoured accent among those learning English as a second language. While RP is usually encountered in the South East, it is additionally associated with private schools and middle-class English men and women throughout the nation. RP is softer than the upper-class accent that may be heard at elite boarding schools, where one might find members of the British royal family.

It would be misleading to suggest that RP is England's main southern accent, however. The London area alone has a multitude of speaking styles that are influenced by social background, specific neighbourhood, culture and ethnicity. In some cases, accents are a badge of identity. For example, the Cockney accent of London's East End has become increasingly popular with teenagers. Some of them even mimic the Cockney style to appear trendy. This phenomenon is no doubt related to the social anxiety associated with Britain's attempted break from strict class boundaries.

There are dozens of other distinct accents throughout Britain. A clear example of a rhotic accent - one that emphasises the 'R' consonant-can be found in Scotland. Scottish English is certainly not uniform, but rhoticity is a common theme. A good example of this is the way many Scots say the word 'pearl'. To the untrained ear, the Scottish version of 'pearl' might sound like 'petal'.

A further point is that the most famous British band of all time, The Beatles, emerged from Liverpool. This city in the North West of England is also home to a unique sound. Known as a Scouse accent, Liverpool's manner of speech diverged from its regional counterparts after the rapid influx of Irish immigrants in the 19th century.

Therefore, there is no such thing as just one British accent. Rather, this country makes up for its lack of size with a kaleidoscope of cultures, and this is reflected by the way its people speak.

Questions 1-5

Do the following statements agree with the information given in the text?

In boxes 1-5 on your answer sheet, write

    TRUE   if the statement agrees with the information

    FALSE   if the statement contradicts with the information

    NOT GIVEN if there is no information on this

1   A large number of people in Britain speak with Received Pronunciation.

2   British English learners are fond of a certain accent when they study the language.

3   Received Pronunciation originated from the upper class and the members of the British royal family.

4   The Cockney accent is getting popular among teenagers because it gives them a sense of belonging to the wider society.

5   There is a tendency to speak 'R' sound strong in Scotland.

Chapter 05 — TEST 16 문제해석

Questions 1-5

Do the following statements agree with the information given in the text?

In boxes 1-5 on your answer sheet, write

다음의 보기가 지문의 내용과 일치하는지 판단하여 답안을 작성하세요.

TRUE	if the statement agrees with the information
	지문의 정보와 일치할 때
FALSE	if the statement contradicts with the information
	지문의 정보와 모순될 때
NOT GIVEN	if there is no information on this
	지문에서 찾을 수 없을 때

1. A large number of people in Britain speak with Received Pronunciation.
   다수의 영국 사람들은 Received Pronunciation을 구사한다.

2. British English learners are fond of a certain accent when they study the language.
   영국 영어의 학습자들은 공부할 때에 특정 악센트를 선호한다.

3. Received Pronunciation originated from the upper class and the members of the British royal family.
   Received Pronunciation은 상류층 사람들과 영국 왕족에게서 유래하였다.

4. The Cockney accent is getting popular among teenagers because it gives them a sense of belonging to the wider society.
   더 넓은 사회로의 소속감을 주기 때문에 청소년들 사이에서 Cockney 악센트가 인기를 끌고 있다.

5. There is a tendency to speak 'R' sound strong in Scotland.
   스코틀랜드에서는 'R'을 강하게 발음하는 경향이 있다.

TEST 16 문제풀이

> **유형**
> **T/F/NG** 문제의 내용이 지문의 내용과 일치하는지 여부를 묻는 객관식 문제

1 FALSE
영국 국무총리나 유명인 등의 잘 알려진 사람들이 Received Pronunciation(RP)를 구사하고 영국 남부 지역의 주요 악센트이긴 하지만, 전체 영국으로 봐도 2퍼센트 정도의 적은 수의 사람들만이 RP를 구사한다고 한다.

2 TRUE
영국 영어를 배우는 학습자들이 RP를 선호한다는 내용이 두번째 단락에 나와있다. 영국 방송에서도 가장 자주 들을 수 있으며 소리가 부드럽고 이해하기가 쉽기 때문으로 해석된다.

3 NOT GIVEN
RP가 상류층 사람들이나 영국 왕실에서 유래했다는 내용은 찾을 수 없으며, 오히려 그들을 비롯한 상류층(upper-class)이 구사하는 영어보다 부드러운 소리가 나는 것으로 설명되어 있다. 덧붙여 단락 B를 꼼꼼히 읽어보면, RP는 영국 동남부에서 주로 들리는 억양이며, 전국에 걸쳐 중산층 사람들이 구사하는 영어라는 것을 찾을 수 있다.

4 NOT GIVEN
Cockney 악센트는 트렌디해 보이고 싶은 10대들 사이에서 인기를 끌고 있긴 하지만, 이 악센트와 사회적 소속감의 연결고리는 찾아볼 수 없다. 오히려 이러한 특정 억양의 유행이 영국의 계급 사회에서부터 오는 사회적 불안감과 관련이 있다고 설명되어 있다.

5 TRUE
스코틀랜드에서 구사하는 모든 영어가 'R' 자음의 소리를 강조하는 것은 아니지만 모음 뒤에 오는 '-r'의 소리를 잘 들리게 발음하는 rhoticity 현상이 흔히 보인다는 설명을 네번째 단락에서 찾을 수 있다.

TEST 16 PASSAGE

(Q1~5 : T/F/NG 유형)

The myth of the British accent

The British accent is known throughout the world. From prime ministers to renowned actors, when famous people speak with so-called Received Pronunciation (RP), it immediately conjures up a certain impression of intelligence and good manners. [But it is estimated that as little as 2 percent of the British public talk like this. Q1] In fact, many people find it remarkable that a relatively small country like Britain actually features many accents.

RP is the accent most often featured on British public broadcasting programmes. Perhaps this is because it is generally considered to be mild and easy to understand. [It is also therefore a favoured accent among those learning English as a second language. Q2] [While RP is usually encountered in the South East, it is additionally associated with private schools and middle-class English men and women throughout the nation. RP is softer than the upper-class accent that may be heard at elite boarding schools, where one might find members of the British royal family. Q3]

[It would be misleading to suggest that RP is England's main southern accent, however. The London area alone has a multitude of speaking styles that are influenced by social background, specific neighbourhood, culture and ethnicity. Q1] In some cases, accents are a badge of identity. For example, [the Cockney accent of London's East End has become increasingly popular with teenagers. Some of them even mimic the Cockney style to appear trendy. Q4] This phenomenon is no doubt related to the social anxiety associated with Britain's attempted break from strict class boundaries.

There are dozens of other distinct accents throughout Britain. [A clear example of a rhotic accent - one that emphasises the 'R' consonant - can be found in Scotland. Scottish English is certainly not uniform, but rhoticity is a common theme. Q5] A good example of this is the way many Scots say the word 'pearl'. To the untrained ear, the Scottish version of 'pearl' might sound like 'petal'.

A further point is that the most famous British band of all time, The Beatles, emerged from Liverpool. This city in the North West of England is also home to a unique sound. Known as a Scouse accent, Liverpool's manner of speech diverged from its regional counterparts after the rapid influx of Irish immigrants in the 19th century.

Therefore, there is no such thing as just one British accent. Rather, this country makes up for its lack of size with a kaleidoscope of cultures, and this is reflected by the way its people speak.

영국식 악센트에 대한 통념

영국식 악센트는 전 세계적으로 알려져 있다. 국무총리에서 유명한 배우들에 이르기까지, 저명한 사람들이 소위 영국 표준 발음(RP)으로 말할 때, 그것은 즉각적으로 특정한 수준의 지성과 훌륭한 매너를 떠올리게 한다. 그러나 영국 대중의 고작 2퍼센트 정도가 이렇게 말하는 것으로 추정된다. 실제로는, 많은 사람들이 영국처럼 비교적 작은 나라가 많은 악센트들을 특징으로 삼고 있다는 것에 놀라워한다.

영국 표준 발음은 영국의 공영 방송 프로그램에서 가장 자주 접할 수 있는 악센트이다. 아마도 이 악센트가 대체적으로 부드러우며 이해하기 쉽다고 여겨지기 때문일 것이다. 따라서 이것은 영어를 제2언어로 배우는 사람이 선호하는 악센트이기도 하다. 영국 표준 발음은 대개 동남부 지역(South East : 영국에서 가장 부유하고 인구 밀도가 높은 곳)에서 접할 수 있지만, 전국에 걸친 사립 학교 및 중산층 영국 남녀들과 관련이 있기도 하다. 영국 표준 발음은 영국 왕족의 일원을 발견할지도 모르는 엘리트 기숙학교들에서 들을 수 있는 상류층 악센트보다 더 부드럽다.

그러나 영국 표준 발음이 영국 남부의 주요 악센트라고 하는 것은 오해의 소지가 있을 것이다. 런던 지역만 해도 사회적 배경, 특정 구역, 문화와 민족의 영향을 받는 다수의 말투가 있다. 어떤 경우에는, 악센트가 정체성의 증표가 되기도 한다. 예를 들어, 런던의 이스트 엔드(East End : 런던 동부지역)의 Cockney 악센트(런던 사투리)는 점점 십대들에게 인기를 끌고 있다. 그들 중 몇몇은 심지어 최신 유행을 따르는 것처럼 보이기 위해 런던 사투리를 흉내 내기도 한다. 이러한 현상은 영국이 엄격한 계급 사회로부터의 탈피를 시도했던 것과 관련된 사회적 불안과 분명한 관계가 있다.

영국 전역에 걸쳐 수십 개의 개성 있는 악센트들이 존재한다. r음 발성(rhotic), 즉 'R' 자음을 강조하는 악센트의 분명한 예가 스코틀랜드에서 발견된다. 스코틀랜드 영어는 확실한 통일성은 없지만, r음 발성(rhoticity)은 공통된 발음 방식으로 나타난다. 이것의 좋은 예로, 많은 스코틀랜드 사람들이 '진주(pearl)'라는 단어를 말하는 것을 들을 수 있다. 훈련되어 있지 않은 귀에는, 스코틀랜드 식의 '진주(pearl)'는 '꽃잎(petal)'처럼 들릴지도 모른다.

더 나아가서 리버풀(Liverpool)에서 탄생한 역사상 가장 유명한 영국 밴드인 비틀즈(Beatles)를 예로 들 수 있다. 영국 북서부의 이 도시는 독특한 악센트의 발상지이기도 하다. 리버풀 악센트(Scouse accent)라고 알려진 리버풀의 말투는 19세기에 있었던 아일랜드 이민자들의 급속한 유입 이후 그에 대응하려는 지역 말투에서 갈라져 나왔다.

그러므로, 단 하나의 영국식 악센트라는 것은 존재하지 않는다. 오히려, 이 나라는 (만화경처럼) 변화무쌍한 문화들로 그 크기의 부족함을 메우고 있으며, 이것은 국민들이 말하는 방식에서 나타난다.

 Vocabulary

renowned : 잘 알려진
remarkable : 놀라운, 주목할 만한
feature : 특징을 포함하다, 특징을 이루다
encounter : 마주치다, 맞닥뜨리다
multitude : 다수, 많은 수
mimic : 따라하다, 모방하다
social anxiety : 사회적 불안
diverge : 나뉘다, 갈리다, 벗어나다
kaleidoscope : 만화경

conjure : 생각해 내다, 떠올리다
relatively : 상대적으로
favoured : 선호하는, 특혜를 받는
misleading : 오해를 일으키는, 오해의 소지가 있는
identity : 정체성, 신원
phenomenon : 현상
emphasise : 강조하다
influx : 유입

READING PASSAGE

Time to hand AI the wheel?

A Like an unstoppable juggernaut, autonomous vehicles (AVs) are coming. In fact, they are already here, but many more of them are on the way. They come with the promise of revolutionising how people travel; how passengers sit in their vehicles and even store them. Unlike a juggernaut though, they can be smooth, sleek and driverless. It is that last part - about having no driver - that terrifies people. However, removing human errors at the wheel could save over a million lives every year.

B Statistics can sometimes be twisted to suit one argument or another. Nevertheless, a cold look at road accident data seems pretty clear. The World Health Organisation reports that about 1.25 million people die in automobile accidents on an annual basis. Up to 50 million more are injured. If smartphones are responsible for a sizeable portion of these casualties, then perhaps technology can also provide the solution. That may be the most compelling reason why tech titans can justify continued investment in artificial intelligence for the automotive sector.

C It is true that AVs have been involved in tragic accidents. For example, a woman was killed after being hit by a driverless car as it was being tested by Uber in 2018. In the same year, a man lost his life when the Tesla Model X he was travelling in crashed while it was being operated in self-steering mode. Sadly, however, these very public cases are heavily outweighed by road fatalities involving human drivers. Indeed, daily road accidents are so numerous that most people do not hear about individual cases.

D Naturally, high-profile deaths related to AVs do prompt the need for more extensive testing before such vehicles are rolled out for widespread use. But there is already a fair amount of data that is reassuring. During the first 4 million miles that Waymo AVs drove on public roads, accidents were reported - but they were all caused by people driving other vehicles. Even if that does not convince all sceptics, they might consider that AVs can theoretically react much faster than any human. Plus, they do not drink alcohol and they never get distracted by smartphones.

E All things considered, convenience will most likely end up convincing the public at large about the merits of AVs. With a greater assurance of safety, seats could be designed with comfort and sociability as priorities. The interior design of AVs will probably evolve so fast that they will not look much like current mainstream vehicles at all. Life as a pedestrian could also be transformed, given the opportunity to rethink pavements and road layouts. Yes, AVs could change the world - with more passengers alive to witness it.

Questions 1-5

Choose the correct letter **A**, **B**, or **C**.

1 What is the main point of the writer in having more AVs?

   A People should be the drivers instead of machines.

   B Machines can replace the driver's position, even reducing fatal accidents.

   C AVs will be more popular due to their sleek looks.

2 Which factor does the writer claim as taking a large portion of the annual car accidents in the passage B?

   A smartphones

   B artificial intelligence

   C driverless cars

3 Which statement is true?

   A A couple died from the driverless car experiment conducted by Uber in 2018.

   B Tesla Model X killed a woman at its self-steering mode in 2018.

   C We never know the individual death cases because the daily road accidents are countless.

4 Which one is not a merit of having AVs on the road?

   A AVs can respond way faster than the human drivers.

   B AVs are far from being the victims of smartphone distractions or liquor consumption.

   C AVs can only prevent the accidents caused by other vehicles.

5 We still need to solve some issues before rolling out a more active use of AVs except for

   A the seats with comfort and sociability

   B the exterior of the vehicle

   C pavements and road layouts

TEST 17

Questions 6-10

Complete the summary below.

Choose **NO MORE THAN TWO WORDS OR NUMBERS** from the text for each answer.

Write your answers in boxes 6-10 on your answer sheet.

Why non-human driving is better

The technology aimed to lessen human errors on the road is continuously evolving, and we call these driverless cars **6** .... (AVs). According to a research done by The World Health Organisation, up to **7** .... or more people seriously hurt from car accidents. However, AVs are expected to prevent a sizeable portion of these causalities because they are not **8** .... by smartphones, they never consume **9** .... , and in theory, they **10** .... much quicker than any human beings.

NOTE

Chapter 05

TEST 17 문제해석

Questions 1-5

Choose the correct letter **A**, **B**, or **C**.
A, B, 혹은 C의 보기 중 답을 고르세요.

1   What is the main point of the writer in having more AVs?
    더 많은 자율 주행 자동차의 도입에 대한 필자의 주장은 무엇입니까?
    A People should be the drivers instead of machines.
        기계 대신 사람이 운전석을 차지해야 한다.
    B Machines can replace the driver's position, even reducing fatal accidents.
        기계는 운전자를 대체할 수 있으며 심지어 사망 사고 건을 줄일 수도 있다.
    C AVs will be more popular due to their sleek looks.
        AV는 멋진 외관 때문에 더 인기를 얻을 것이다.

2   Which factor does the writer claim as taking a large portion of the annual car accidents in the passage B?
    단락 B에서 찾을 수 있는 연간 교통 사고의 대부분을 차지하는 요인은 무엇입니까?
    A smartphones   스마트폰
    B artificial intelligence   인공 지능
    C driverless cars   무인 차량

3   Which statement is true?
    다음 중 맞는 문장을 무엇입니까?
    A A couple died from the driverless car experiment conducted by Uber in 2018.
        2018년 우버가 시행한 무인 차량 실험 중 한 부부가 숨졌다.
    B Tesla Model X killed a woman at its self-steering mode in 2018.
        2018년 테슬라 모델X는 자율 주행 모드로 달리던 중 한 여성을 사망에 이르게 했다.
    C We never know the individual death cases because the daily road accidents are countless.
        하루에도 수많은 교통사고가 일어나기 때문에 개별적인 사망 사고 건은 알 수가 없다.

4   Which one is not a merit of having AVs on the road?
    자율 주행 차량이 실질적으로 사용될 때에 나타나는 장점이 아닌 것은 무엇입니까?
    A AVs can respond way faster than the human drivers.
        AV는 인간 운전자보다 더 빠르게 반응할 수 있다
    B AVs are far from being the victims of smartphone distractions or liquor consumption.
        AV는 스마트폰으로 인한 방해나 음주로 인한 영향을 받지 않는다.
    C AVs can only prevent the accidents caused by other vehicles.
        AV는 다른 차량들에 의한 사고에 대해서만 방어가 가능하다.

5   We still need to solve some issues before rolling out a more active use of AVs except for
    AV를 더 적극적으로 도입하기 전 해결해야 할 이슈가 아닌 것은 무엇입니까?
    A the seats with comfort and sociability   쾌적하고 교류가 가능한 좌석
    B the exterior of the vehicle   차량의 외관
    C pavements and road layouts   도로 포장과 설계

Chapter 05

TEST 17 문제풀이

유형
Multiple Choice 문제의 답을 보기에서 고르는 객관식 문제

1 B

자율 주행 차량의 도입 과정에서 말도 탈도 많겠지만, 전반적으로 필자는 AV를 찬성하는 입장이다. 첫번째 문단에서 필자가 도입해야 한다고 말하는 이유를 찾아보는데, 보기 A는 필자의 주장과 상반된 문장이며 보기 C는 AV의 매력 중 부분적인 것만을 말하고 있기에 답이 되지 않는다.

2 A

연간 일어나는 사고 중 큰 많은 비중을 차지하는 이유에 대해 고르는 문제이다. 정확히 명시된 요인은 하나만 나오므로 쉽게 찾을 수 있다.

3 C

자율 주행 차량으로 인해 일어난 사고의 예시들이 나와있는 세번째 단락을 잘 읽어보고 일치하는 보기를 찾는다. 보기 A의 경우 2018년 우버의 실험에서는 부부가 아니라 한 여성이 사망했으므로 오답이고, 보기 B의 경우 테슬라 실험에서 사망한 사람은 여성이 아니고 남성이므로 오답이다.

4 C

자율 주행 차량이 가지는 장점이 아닌 것을 찾는 문제이다. 필자는 AV의 반응 속도가 훨씬 빠르고 스마트폰의 방해나 음주로 인한 사고도 없는 것을 장점으로 말하고 있다. 보기 C의 경우 명확하지 않은 내용이며, 그나마 관련이 있는 내용은 Waymo의 주행 중 일어난 사고들이 모두 다른 사람들이 운전하던 차량들에 의해 일어난 케이스들이라는 부분이다.

5 B

AV가 더욱 적극적으로 도입되기 전 해결해야 할 과제들에 대해 묻는 문제이며 'except for'라는 표현이 나왔기에 해당하지 않는 것을 답으로 찾으면 된다. 마지막 단락에 AV 도입 전 차 내부의 좌석, 인테리어 디자인, 그리고 차량이 실제로 다니게 될 도로들의 설계와 구성이 다시 고려되어야 한다는 점이 명시되어 있다.

Level : Advanced ★★★

Chapter 05 TEST 17 문제해석

Questions 6-10

Complete the summary below.

Choose **NO MORE THAN TWO WORDS OR NUMBERS** from the text for each answer.

Write your answers in boxes 6-10 on your answer sheet.

지문을 읽고 아래 요약문을 완성하세요.

각 문제의 답을 지문에서 찾아 **두 단어 혹은 숫자가 넘지 않게** 작성하세요.

Why non-human driving is better

The technology aimed to lessen human errors on the road is continuously evolving, and we call these driverless cars **6** .... (AVs). According to a research done by The World Health Organisation, up to **7** .... or more people seriously hurt from car accidents. However, AVs are expected to prevent a sizeable portion of these causalities because they are not **8** .... by smartphones, they never consume **9** .... , and in theory, they **10** .... much quicker than any human beings.

무인 운전이 더 나은 이유

운전자들의 사고를 줄이기 위한 기술은 끊임없이 진화하고 있고, 운전자가 없이 운행되는 자동차들을 **6** .... 라고 부른다. WHO에서 진행한 연구에 따르면 교통 사고로 인해 **7** .... 이상의 사람들이 심하게 다친다고 한다. 하지만, 자율 주행 차량들이 이러한 피해의 상당 부분을 예방할 수 있을 것으로 예상되는데, 그 이유는 자율 주행 차량은 스마트폰에 의해 **8** .... 않기 때문이고, **9** .... 을 마시지도 않으며, 이론적으로는 그 어떤 인간보다도 빠르게 **10** .... 하기 때문이다.

Chapter 05

TEST 17 문제풀이

> **유형**
> **Summary** 지문의 내용을 요약한 문장의 빈칸을 채우는 주관식 문제

6 autonomous vehicles
괄호 안의 힌트로 인해 쉽게 답을 찾을 수 있는 문제였다. 다만, 복수형으로 작성하는 것과 긴 단어이기 때문에 답안을 옮겨 적을 때에 스펠링 실수를 하지 않도록 유의한다.

7 50 million
WHO의 연구와 관련된 숫자가 두 개가 나오는데 이 중 '부상'과 관련된 injured라는 단어를 참고하여 답을 적는다. 1.25 million은 부상이 아닌 사망자 통계이다.

8 distracted
8번에서 10번까지의 문제는 지문에서 해당 내용이 몰려 있는 것에 주의하며 답을 찾는다. WHO의 연구에서 등장했던 스마트폰이라는 단어가 자율 주행 차량과는 어떤 관련이 있을지를 생각하며 답을 찾고, 과거 분사의 형태로 답을 적는 것에 주의한다.

9 alcohol
문제와 지문이 같은 문장 구조로 되어있기에 쉽게 답을 찾을 수 있다.

10 react
Faster가 quicker로, theoretically가 in theory로 paraphrase된 것에 유의하여 답을 찾아 적는다.

Level : Advanced ★★★

Time to hand AI the wheel?

A Like an unstoppable juggernaut, autonomous vehicles (AVs) Q6 are coming. In fact, they are already here, but many more of them are on the way. They come with the promise of revolutionising how people travel; how passengers sit in their vehicles and even store them. Unlike a juggernaut though, they can be smooth, sleek and driverless. It is that last part - about having no driver - that terrifies people. [However, removing human errors at the wheel could save over a million lives every year. Q1]

B Statistics can sometimes be twisted to suit one argument or another. Nevertheless, a cold look at road accident data seems pretty clear. The World Health Organisation reports that about 1.25 million people die in automobile accidents on an annual basis. Up to 50 million Q7 more are injured. [If smartphones are responsible for a sizeable portion of these casualties, Q2] then perhaps technology can also provide the solution. That may be the most compelling reason why tech titans can justify continued investment in artificial intelligence for the automotive sector.

C [It is true that AVs have been involved in tragic accidents. For example, a woman was killed after being hit by a driverless car as it was being tested by Uber in 2018. In the same year, a man lost his life when the Tesla Model X he was travelling in crashed while it was being operated in self-steering mode. Sadly, however, these very public cases are heavily outweighed by road fatalities involving human drivers. Indeed, daily road accidents are so numerous that most people do not hear about individual cases. Q3]

D Naturally, high-profile deaths related to AVs do prompt the need for more extensive testing before such vehicles are rolled out for widespread use. But there is already a fair amount of data that is reassuring. [During the first 4 million miles that Waymo AVs drove on public roads, accidents were reported - but they were all caused by people driving other vehicles. Even if that does not convince all sceptics, they might consider that AVs can theoretically react Q10 much faster than any human. Plus, they do not drink alcohol Q9 and they never get distracted Q8 by smartphones. Q4]

E All things considered, convenience will most likely end up convincing the public at large about the merits of AVs. [With a greater assurance of safety, seats could be designed with comfort and sociability as priorities. The interior design of AVs will probably evolve so fast that they will not look much like current mainstream vehicles at all. Life as a pedestrian could also be transformed, given the opportunity to rethink pavements and road layouts. Q5] Yes, AVs could change the world - with more passengers alive to witness it.

AI가 운전대를 잡을 때인가?

A 멈출 수 없는 저거노트(버스나 트럭 등 대형 차량)처럼, 자율 주행 차량들이 오고 있다. 사실 이미 와있지만, 더 많은 차량들이 온다는 의미이다. 그것들은 차량에 탑승하고 주차해두는 것을 포함한 사람들의 이동 방법을 혁신할 것을 약속한다. 저거노트와 달리 AV는 잔잔한 주행감과 날렵한 외관을 뽐내며 운전자가 없이도 도로를 달린다. 운전자가 없다는 부분은 사람들을 겁에 질리게 한다. 하지만 운전대를 잡은 인간이 저지를 수 있는 실수를 없애는 것은 매년 수많은 생명을 구할 수도 있다.

B 통계 수치는 때때로 이런저런 주장에 맞도록 뒤틀리곤 한다. 그럼에도 불구하고, 냉정한 시각으로 보는 교통 사고 데이터는 꽤 분명한 내용을 전달한다. 세계보건기구(WHO)는 연간 약 125만명이 자동차 사고로 사망한다고 보고하고 있다. 최대 5천만 명이 다치기도 한다. 만약 이러한 사상자의 상당 부분에 대한 책임이 스마트폰에 있다면, 아마도 기술이 해결책을 제공할 수 있을 것이다. 그것이 기술 거물들이 자동차 분야에서 인공지능에 대한 지속적인 투자를 정당화할 수 있는 가장 설득력 있는 이유일 것이다.

C AV가 비극적인 사고에 연루된 것은 사실이다. 예를 들어 2018년 우버에서 시행한 실험 도중 무인 차량에 의해 치여 숨진 여성이 있다. 같은 해 자율 주행 모드로 작동 중이던 테슬라 모델X가 추락하면서 한 남성이 목숨을 잃었다. 하지만 슬프게도, 이렇게 알려진 사건들은 사람이 운전하다가 일으킨 교통사고 사망건들보다 훨씬 더 많은 주목을 받았을 뿐이다. 실제로 일상에서 발생하는 교통 사고는 개별 사례에 대해 일일이 듣지 못할 정도로 매우 많다.

D 당연히 AV와 관련된 잘 알려진 사망 케이스들은 자율 주행 차량이 널리 보급되기 전에 더 광범위한 실험을 할 필요성이 있음을 알려준다. 그러나 이미 안심할 수 있는 수준의 상당한 데이터가 있다. 웨이모 AV가 공공 도로에서 처음 4백만 마일을 주행하는 동안 보고된 사고들은 모두 다른 차량을 운전하는 사람들에 의해 발생했다. 그것이 모든 회의론자들을 납득시키지 못한다 하더라도, AV가 이론적으로 어떠한 인간보다 훨씬 더 빠르게 반응할 수 있다고 생각은 할 수 있다. 게다가 AV는 술을 마시지 않으며 절대로 스마트폰에 의해 산만해지지도 않는다.

E 모든 것을 고려해 볼 때, 결국 대중들에게 AV의 장점을 납득시킬 수 있는 것은 편의성이다. 안전에 대해 보다 확실히 보장하면서 안락함과 친화성을 최우선으로 좌석을 설계할 수 있어야 한다. AV의 실내 디자인은 아마도 너무 빨리 진화해서 현재의 주류가 되는 차량과 전혀 닮아 보이지 않을 것이다. 보도와 도로 배치를 재고할 기회가 주어진다면 보행자의 삶도 바뀔 수 있다. 그렇다, AV는 세상을 바꿀 수 있으며 더 많은 차량 이용자들이 변화된 세상을 목격하며 살아갈 것이다.

Vocabulary

juggernaut : (도로를 휘젓고 다니는) 대형 버스나 트럭
sleek : 매끈한, 윤이 나는
be responsible for : ~에 책임이 있다
casualty : 피해자, 사상자
outweigh : ~보다 더 크다, 많다
numerous : 셀 수 없이 많은
extensive : 광범위한
reassure : 안심시키다
merit : 장점
store : 보관하다, 장기 주차하다
on an annual basis : 연간으로, 1년에 한 번씩 정기적으로
sizeable : 상당한, 꽤 많은, 꽤 큰
justify : 정당화시키다, 해명하다
fatality : 사망자, 치사율
prompt the need : 필요성을 일으키다
roll out : 개시하다, 출시하다
sceptic : 회의론자
pedestrian : 보행자

Level : Advanced ★★★

TEST 18

READING PASSAGE

The warning bells of extinction

A Wildlife experts estimate the world is losing thousands of animal and plant species every year. Tragically, humans are seen as the biggest danger to flora and fauna through influences such as hunting, forced loss of habitat, the introduction of rival species and climate change. Some people might ignore the catastrophic harm to global ecosystems, but nature's warning becomes louder when extinction events affect particularly loved animals.

B One notable case concerns the quagga, a subspecies of plains zebra. Striped with a reddish brown and white pattern on the front half of their body, quaggas were hunted to extinction after European settlers descended on South Africa during the 1700s. Targeted for their meat and skin, these equine beauties were also unfortunate to be considered a competitor with domesticated livestock for food. The last known quagga died at a zoo in Amsterdam in 1883, while just 23 skins have been preserved. The animal can still be glimpsed on film because one live specimen was captured on camera at London Zoo in 1970.

C Another infamous example of an animal that was a direct victim of human behaviour was the passenger pigeon. It is believed there were billions of them in North America and that they had enjoyed a stable population for 20,000 years until immigrants wiped them out of existence. Named for their migratory habits, these birds bred mainly in the Great Lakes area and lived in deciduous forests before suffering a rapid demise in the 19th century due to deforestation and hunting. The last of them died in captivity in 1914.

D The disappearance of Australia's legendary Tasmanian tiger is a further instance of anthropogenic extinction. Officially known as the thylacine, this species got its alternative name because of its stripes rather than any relationship to tigers or cats. In fact, Tasmanian tigers belonged to the marsupial family alongside kangaroos and koalas. Having been widely hunted by settlers on their native island of Tasmania, thylacines were given protected species status in 1936 - the same year the last known Tasmanian tiger died.

E From Africa to the Americas to Australia, the whole world has witnessed how the mass migration of people has resulted in the extinction of wildlife. Sadly, the trend has continued into the 21st century, as evidenced by recent losses like the West African black rhinoceros and the Pyrenean ibex. These species seem so close to us because they can be observed on film, yet they have slipped out of reach.

Questions 1-5

Choose the correct letter **A**, **B**, or **C**.

1   What does the writer suggest the most harmful cause of the extinction?

   A   Hunting

   B   Humans

   C   Climate change

2   Which sentence is not true about the extinction of quagga?

   A   The last known quagga was filmed and died at London Zoo in 1970.

   B   The migrants from Europe hunted the species till they disappeared during the 1700s.

   C   After the last quagga died, 23 skins are being preserved.

3   The writer says that the passenger pigeons disappeared because of

   A   lack of food

   B   their genetic defects

   C   the loss of habitats

4   Which sentence is true about Tasmanian tigers?

   A   They share the same biological traits of kangaroos and koalas.

   B   They belong to the cat family because of their appearance.

   C   They were selected as the protected species in 1936 which was a year before their extinction.

5   What is the most suitable heading for the fifth passage?

   A   The geographical coverage of the current extinctions

   B   The end marker of extinction

   C   The continuing extinction and the recently disappeared species

Chapter 05
TEST 18

Advanced ★★★

Questions 6-10

Look at the following list of ideas.

Which paragraph mentions the following?

Write the correct letter, **A-E**, in boxes 6-10 on your answer sheet.

NB You may use any letter more than once.

6   The most influential threat to animals and plants
7   The recent cases of extinct animals
8   The reason behind the nickname of the Australia's legendary animal
9   The year when the last equine beauty died and the number of its skins kept
10   The detailed description of quagga's look

NOTE

TEST 18 문제해석

Questions 1-5

Choose the correct letter **A**, **B**, or **C**.
A, B, 혹은 C의 보기 중 답을 고르세요.

1. What does the writer suggest the most harmful cause of the extinction?
   저자가 제시하는 멸종의 가장 위험한 원인은 무엇입니까?
   - A Hunting   사냥
   - B Humans   인간
   - C Climate change   기후 변화

2. Which sentence is not true about the extinction of quagga?
   콰가의 멸종에 대해 틀린 문장은 무엇입니까?
   - A The last known quagga was filmed and died at London Zoo in 1970.
     마지막으로 생존했던 콰가는 1970년에 런던 동물원에서 촬영되고 사망했다.
   - B The migrants from Europe hunted the species till they disappeared during the 1700s.
     1700년대에 유럽의 이주민들이 그 종이 사라질 때까지 사냥했다.
   - C After the last quagga died, 23 skins are being preserved.
     마지막 콰가가 죽은 후, 23개의 가죽이 보존되고 있다.

3. The writer says that the passenger pigeons disappeared because of
   저자가 말하는 나그네 비둘기의 멸종 원인은 무엇입니까?
   - A lack of food   식량 부족
   - B their genetic defects   유전적 결함
   - C the loss of habitats   사라진 서식지

4. Which sentence is true about Tasmanian tigers?
   타즈메이니아 호랑이에 대해 맞는 문장은 무엇입니까?
   - A They share the same biological traits of kangaroos and koalas.
     그들은 캥거루, 코알라와 같은 생물학적 특징을 가진다.
   - B They belong to the cat family because of their appearance.
     그들의 생김새 때문에 고양이과에 속한다.
   - C They were selected as the protected species in 1936 which was a year before their extinction.
     그들은 멸종되기 1년 전인 1936년에 보호종으로 지정되었다.

5. What is the most suitable heading for the fifth passage?
   다섯째 문단의 제목으로 가장 알맞은 것은 무엇입니까?
   - A The geographical coverage of the current extinctions   현재 멸종이 일어나는 지리적 범위
   - B The end marker of extinction   멸종의 종료되고 있다는 표지들
   - C The continuing extinction and the recently disappeared species   계속 진행 중인 멸종과 최근 멸종된 종들

TEST 18 문제풀이

Multiple Choice 문제의 답을 보기에서 고르는 객관식 문제

1 B

멸종의 원인에 대한 다양한 예시가 나와있지만 그럼에도 불구하고 가장 해를 많이 끼치고 예시들을 모두 포괄하는 원인은 '인간'이라는 것을 찾을 수 있다. 답이 아닌 A와 C의 보기 모두 인간이 초래한 행동과 현상이다.

2 A

마지막으로 사망한 콰가와 영상으로 남은 콰가에 대한 정보를 구분해서 파악하는 것이 중요하다. 마지막 생존했던 개체는 1883년에 암스테르담의 동물원에서 사망했다.

3 C

나그네 비둘기의 멸종 원인으로 저자가 크게 두 가지의 원인을 들었다. 그 중 보기에서 찾을 수 있는 것은 그들의 서식지와 관련된 C로, 지문에서는 비둘기들이 살던 낙엽수림이 삼림파괴(deforestation)로 인해 사라졌다는 내용을 힌트로 삼을 수 있다.

4 A

타즈메이니안 호랑이는 줄무늬가 있는 생김새 때문에 '호랑이'라는 별명을 얻기는 했지만, 실제로는 캥거루, 코알라와 같은 종에 속하는 동물이었다. 또한 그들이 보호종으로 지정된 같은 해에 마지막 개체가 사망했다.

5 C

마지막 문단의 내용을 모두 아우를 수 있는 제목을 찾는 문제이다. 다양한 지역명이 나와서 A와 헷갈릴 수 있으나, 지문 전체를 읽었을 때에는 최근에도 멸종이 계속되고 있으며 두 동물의 예시까지 포함되어 있으니 답은 C로 고르면 된다.

Chapter 05 — TEST 18 문제해석

Questions 6-10

Look at the following list of ideas.

Which paragraph mentions the following?

Write the correct letter, **A-E**, in boxes 6-10 on your answer sheet.

NB You may use any letter more than once.

아래 보기의 5개의 글감이 언급된 단락을 찾아 A–E로 답을 작성하세요.

주의 한 번 이상 쓰이는 알파벳이 있을 수 있습니다.

6   The most influential threat to animals and plants
     동물과 식물에게 가장 영향력이 큰 위협적 존재

7   The recent cases of extinct animals
     최근 멸종된 동물들의 예시

8   The reason behind the nickname of the Australia's legendary animal
     호주의 전설적인 동물이 가졌던 별명에 관한 이유

9   The year when the last equine beauty died and the number of its skins kept
     마지막으로 생존했던 아름다운 말 종류 동물이 죽은 연도와 이 동물 가죽이 보관된 수

10   The detailed description of quagga's look
     콰가의 생김새에 대한 자세한 설명

Chapter 05

TEST 18 문제풀이

> **유형**
> **Information** 키워드가 어느 단락에서 나왔는지를 찾는 객관식 문제

6 A

현재까지도 매년 사라져가는 동식물의 멸종 이유를 보면 사람인 경우가 많다고 한다. 문단 A를 통해 사냥, 서식지 박탈, 기후 변화 등을 불러오는 인간이 가장 위험한 존재라고 묘사하는 부분을 찾을 수 있다. 지문의 danger가 보기에서는 threat으로 변경되었다.

7 E

21세기에도 동식물의 멸종은 계속되고 있는데, 문단 E에서 최근에 멸종된 West African black rhinoceros와 Pyrenean ibex를 예시로 들고 있다.

8 D

호주의 전설적인 동물 태즈메이니안 호랑이는 사실 늑대에 가까운 종이었지만 줄무늬가 특징이었던 생김새 때문에 '호랑이'라는 이름이 붙었다. 해당 내용은 문단 D에 서술되어 있다.

9 B

독특한 생김새 때문에 유명해졌고, 그에 따라 가죽을 위한 사냥 때문에 많이 희생된 얼룩말과의 동물 콰가는 1883년에 마지막 개체가 숨을 거두었고, 23개의 가죽이 보존되어 있다.

10 B

콰가의 독특한 생김새에 대한 묘사는 문단 B에서 찾을 수 있다.

The warning bells of extinction

A Wildlife experts estimate the world is losing thousands of animal and plant species every year. 〔Tragically, humans are seen as the biggest danger to flora and fauna through influences such as hunting, forced loss of habitat, the introduction of rival species and climate change. Q1/Q6〕 Some people might ignore the catastrophic harm to global ecosystems, but nature's warning becomes louder when extinction events affect particularly loved animals.

B One notable case concerns the quagga, a subspecies of plains zebra. 〔Striped with a reddish brown and white pattern on the front half of their body, Q10〕 quaggas were hunted to extinction after European settlers descended on South Africa during the 1700s. Targeted for their meat and skin, these equine beauties were also unfortunate to be considered a competitor with domesticated livestock for food. 〔The last known quagga died at a zoo in Amsterdam in 1883, while just 23 skins have been preserved. The animal can still be glimpsed on film because one live specimen was captured on camera at London Zoo in 1970. Q2/Q9〕

C Another infamous example of an animal that was a direct victim of human behaviour was the passenger pigeon. It is believed there were billions of them in North America and that they had enjoyed a stable population for 20,000 years until immigrants wiped them out of existence. Named for their migratory habits, these birds bred mainly in the Great Lakes area and lived in deciduous forests before 〔suffering a rapid demise in the 19th century due to deforestation and hunting. Q3〕 The last of them died in captivity in 1914.

D The disappearance of Australia's legendary Tasmanian tiger is a further instance of anthropogenic extinction. 〔Officially known as the thylacine, this species got its alternative name because of its stripes rather than any relationship to tigers or cats. Q8〕 〔In fact, Tasmanian tigers belonged to the marsupial family alongside kangaroos and koalas. Q4〕 Having been widely hunted by settlers on their native island of Tasmania, thylacines were given protected species status in 1936 - the same year the last known Tasmanian tiger died.

E From Africa to the Americas to Australia, the whole world has witnessed how the mass migration of people has resulted in the extinction of wildlife. 〔Sadly, the trend has continued into the 21st century, as evidenced by recent losses like the West African black rhinoceros and the Pyrenean ibex. Q5/Q7〕 These species seem so close to us because they can be observed on film, yet they have slipped out of reach.

멸종에 대한 경종

A   야생 생물 전문가들은 전 세계가 매년 수천 종의 동식물을 잃고 있다고 추정한다. 비통하게도, 인간은 사냥, 서식지 강탈, 경쟁종의 도입과 기후 변화 같은 영향들을 미치며 동식물에게 가장 큰 위험으로 여겨진다. 어떤 사람들은 지구 생태계에 끼치는 대재앙적 피해를 무시할지도 모르지만, 특히 사랑받는 동물들에게 멸종의 영향이 미칠 때 자연의 경고는 더 커지게 된다.

B   한 가지 주목할 만한 사례는 그랜트얼룩말(plains zebra)의 아종인 콰가(quagga)이다. 몸통 앞쪽 반면에 암갈색과 하얀색의 줄무늬가 있는 콰가들은 1700년대에 남아프리카로 몰려온 유럽의 이주민들이 행한 사냥으로 멸종되었다. 고기와 가죽이 표적이 되었던 이 아름다운 말들은 불행히도 길들여진 식용 가축들의 경쟁종으로 여겨지기도 했다. 마지막 콰가가 1883년 암스테르담의 한 동물원에서 죽었고, 23개의 가죽만이 보존되고 있다. 이 동물은 여전히 영상으로는 볼 수 있는데, 살아 있던 한 마리 표본이 1970년 런던 동물원에서 카메라에 담겼기 때문이다.

C   인간 행위의 직접적인 희생자가 된 동물의 또 다른 악명 높은 예는 나그네 비둘기였다. 북아메리카에 이 비둘기 수십억 마리가 살고 있었으며, 이민자들이 그들을 싹 멸종시킬 때까지 2만년 동안 안정적인 개체 수를 누려왔다고 여겨진다. 이동하는 습성을 따라 이름 지어진 이 새들은 삼림 파괴와 사냥 때문에 19세기 급격한 종말을 겪기 전에는 주로 오대호(Great Lakes) 지역에서 번식하며 낙엽수림에 살았다. 포획된 마지막 비둘기는 1914년에 죽었다.

D   호주의 전설적인 태즈메이니아 호랑이의 소멸은 한층 더 심해진 인간에 의한 멸종 사례이다. 공식적으로는 태즈메이니아 늑대(thylacine)라고 알려진 이 종은 호랑이나 고양이와의 어떤 관련성보다는 그 줄무늬 때문에 이러한 다른 이름을 얻었다. 사실상 태즈메이니아 호랑이는 캥거루와 코알라와 함께 유대목과에 속했다. 그들의 고향인 태즈메이니아 섬의 정착민들에 의해 널리 사냥된 태즈메이니아 늑대들은 1936년에 보호종 등급을 받았지만, 바로 그 해에 마지막 태즈메이니아 호랑이가 죽었다.

E   아프리카에서 아메리카 대륙, 호주에 이르기까지, 전 세계는 어떻게 사람들의 집단 이주가 야생 생물의 멸종을 초래했는지를 목격해왔다. 슬프게도 이러한 경향은 21세기까지 계속되어, 서아프리카 검은 코뿔소와 피레네 산맥에서 서식하던 아이벡스(산악 지방 염소)와 같이 최근 일어난 멸종으로 입증되었다. 이러한 종들이 영상으로 남아있기에 우리와 매우 가까이에 있는 듯 보이지만, 그들은 손이 닿지 않는 곳으로 사라져 버렸다.

Vocabulary

estimate : 추정하다
flora and fauna : 모든 동, 식물상
catastrophic : 재앙의, 파멸의
extinction : 멸종, 소멸
equine : 말의, 말처럼 생긴
glimpse : 잠깐 보다, 언뜻 보다
migratory : 움직여 다니는, 이주하는
deforestation : 삼림 벌채, 밀림 제거
anthropogenic : 인간에 의한, 인류 발생의

species : (생물의) 종
climate change : 기후변화
ecosystem : 생태계
descended : 내려온
domesticated livestock : 길들여진 가축
infamous : 악명높은
deciduous : 낙엽이 지는
captivity : 포획, 감금

Level : Advanced ★★★

TEST 19

READING PASSAGE

Does it ever really rain cats and dogs?

A Most of us have heard the phrase, 'it's raining cats and dogs!' In fact, people have been saying it for centuries. We know that British poet Henry Vaughan referred to "dogs and cats rained in shower" as early as 1651. Since then, it has become probably the most famous idiom in the English language to describe very wet weather. But where does this saying come from?

B Firstly, we can dismiss the idea of it being based on a literal event. While freakish weather has been known to carry frogs, fish and even larger animals skyward, it is implausible that enough cats and dogs have ever 'rained' together to prompt the development of a widely known phrase.

C A popular theory is that cats and dogs might have been tumbled from slippery roofs during rainfall, along with mice, rats and so on. The problem is that no one can convincingly explain why cats and dogs would gather together on a roof. Cats could seek refuge on the inside of a rooftop so that they would be sheltered from rain, but dogs are rarely seen there.

D Another unlikely idea proposes that Norse mythology inspired the idiom. This claim is based on the ancient belief that cats caused storms and dogs were attendants to Odin, the god of storms. These associations may be interesting, but there is insufficient evidence to link them with 'raining cats and dogs'.

E Alternatively, could the phrase have evolved from other languages? The outdated French word 'catadoupe' means 'waterfall' and the Greek expression 'cata doxa' translates into English as 'contrary to experience or belief'. However, it is an etymological stretch to take these possibilities too seriously.

F So, do we have a better suggestion? A compelling, if unpleasant, explanation is hinted by Jonathan Swift, the renowned author of the 18th century satire *Gulliver's Travels*. His 1710 poem *City Shower* mentions dead puppies and cats in a flood. Later, in 1738, one of Swift's characters in his *Complete Collection of Genteel and Ingenious Conversation* fears it might "rain cats and dogs". Maybe the idiom developed during an era when deceased animals commonly floated into sight when it rained heavily.

G Then again, perhaps cats and dogs just form a catchy partnership when attempting to capture the idea of particularly heavy rain. The notion of these animals fighting with each other as they fall through the sky is an imaginative way to describe the violence of a strong storm. Ironically, we often repeat the phrase today without much imagination at all!

Questions 1-5

Look at the following list of headings (Question 1-5).

Match each heading with the correct paragraph, **A-G**.

Write the correct letter, **A-G**, in boxes 1-5 on your answer sheet.

1 The least probable root of the phrase
2 Academic approach to find the origin of the idiom in linguistics
3 The mythical inference of the phrase
4 The first appearance of the saying
5 The hints found in some literature of a famous writer

Questions 6-10

Do the following statements agree with the information given in the text?

In boxes 6-10 on your answer sheet, write

TRUE	if the statement agrees with the information
FALSE	if the statement contradicts with the information
NOT GIVEN	if there is no information on this

6 The phrase was written by Henry Vaughan.
7 Cats and dogs often gather together on a roof in the real life.
8 The mythical or linguistic evidence is not enough to explain the origin of the phrase.
9 A possible evidence of the popularity of the phrase was seen in two workpieces of Jonathan Swift.
10 In the past, it was not surprising to see the dead animals floating around on heavily rainy days.

Chapter 05 TEST 19 문제해석

Questions 1-5

Look at the following list of headings (Question 1-5).
Match each heading with the correct paragraph, **A-G**.
Write the correct letter, **A-G**, in boxes 1-5 on your answer sheet.
아래 보기의 5개 주제와 매칭되는 단락을 찾아 A–G로 답을 작성하세요.

1 The least probable root of the phrase
   가장 가능성이 적은 속담의 근원

2 Academic approach to find the origin of the idiom in linguistics
   언어학에서 구문의 기원을 찾으려는 학문적 접근

3 The mythical inference of the phrase
   구문의 신화적 추리

4 The first appearance of the saying
   속담의 첫 출현

5 The hints found in some literature of a famous writer
   유명한 작가의 문학 작품에서 발견된 힌트들

TEST 19 문제풀이

> **유형**
> **Heading** 보기에서 각 단락의 주제문을 찾는 객관식 문제

1 B
'It's raining cats and dogs.'라는 속담의 기원을 찾아가는 단락 중 가장 근거가 없다고 여겨지는 설명을 포함한 단락을 찾는다. 단락 B에서 'we can dismiss the idea' 그리고 'it is implausible'이라는 문구를 통해 '문자 그대로 일어난 일'은 다른 단락들에서 설명한 기원들보다 신빙성이 떨어진다는 점을 알 수 있다.

2 E
'언어학'의 뜻을 가진 linguistics라는 단어를 알고 있다면, 다른 나라의 언어들을 예시로 들며 속담의 진화 과정을 찾아가는 내용이 담긴 단락 E가 답이라는 것을 금방 찾을 수 있다. 이 문단 속에 있는 'etymology'라는 단어 또한 '어원학'을 의미한다.

3 D
단어를 모른다고 하더라도 보기에 있는 myth와 단락 D의 첫 문장에 나오는 mythology를 매칭시킴으로써 답을 찾는 방법도 있다! 단락 D는 북유럽 신화에 기반하여 이 속담이 생겨났을 것이라고 추리해보는 내용이 담겨있으며, 이 추리는 사실 뒷받침할 증거가 부족하다고 한다.

4 A
이 속담이 처음 등장한 시기나 사건에 대한 내용이 담긴 문단을 찾아본다. 단락 A를 보면 1651년에 영국의 시인 Henry Vaughan의 시에 처음 이 표현이 쓰였다고 적혀 있다.

5 F
본문에서 사람의 이름이 두 번 등장하는데 이 표현을 처음 쓴 Henry Vaughan이라는 시인과 우리에게도 유명한 '걸리버 여행기'를 쓴 Jonathan Swift이다. 그 중 직접적인 작품의 제목이 등장하는 단락은 F이며 그의 작품들 속에서 'raining cats and dogs'라는 표현이 어떻게 쓰였는지도 설명되어 있다.

TEST 19 문제해석

Questions 6-10

Do the following statements agree with the information given in the text?

In boxes 6-10 on your answer sheet, write

다음의 보기가 지문의 내용과 일치하는지 판단하여 답안을 작성하세요.

TRUE	*if the statement agrees with the information*
	지문의 정보와 일치할 때
FALSE	*if the statement contradicts with the information*
	지문의 정보와 모순될 때
NOT GIVEN	*if there is no information on this*
	지문에서 찾을 수 없을 때

6   The phrase was written by Henry Vaughan.
    이 속담은 Henry Vaughan이 썼다.

7   Cats and dogs often gather together on a roof in the real life.
    고양이와 개들은 실제로는 지붕에 자주 모인다.

8   The mythical or linguistic evidence is not enough to explain the origin of the phrase.
    신화나 언어학적인 증거는 이 속담의 기원을 밝힐만큼 충분한 근거가 없다.

9   A possible evidence of the popularity of the phrase was seen in two workpieces of Jonathan Swift.
    Jonathan Swift의 작품 중 두 개에서 이 속담이 유명해졌을 법한 증거를 찾을 수 있다.

10 In the past, it was not surprising to see the dead animals floating around on heavily rainy days.
    과거에는 폭우가 오는 날 물에 떠다니는 죽은 동물들을 보는 것이 놀라운 일이 아니었다.

TEST 19 문제풀이

> **유형**
> **T/F/NG** 문제의 내용이 지문의 내용과 일치하는지 여부를 묻는 객관식 문제

6 FALSE
Henry Vaughan이 이 속담을 인용하였다 (referred to)라는 말은 있지만 그가 직접 썼다는 내용은 아니므로 답은 False 이다.

7 NOT GIVEN
실제 우리가 겪고 있는 상황들에서 고양이와 개들이 한 곳에, 그것도 지붕 위에 함께 있는 것은 매우 보기 힘든 광경이다. 그리고 이 지문에서는 해당 내용에 대한 참, 거짓 여부를 판별할 수 없으므로 Not Given이다.

8 TRUE
문단 C에는 노르웨이 신화에서 이 속담의 기원을 찾고자 하는 노력이, 그리고 문단 D에는 다른 유럽에서 찾고자 하는 노력이 담겨있으나 충분한 근거가 되지는 못한다는 내용이다.

9 TRUE
문단 F에서 Jonathan Swift의 작품 중 City Shower와 Complete Collection of Genteel and Ingenious Conversation에서 이 속담이 자주 쓰이게 된 배경이 될만한 힌트가 나온다.

10 TRUE
9번 문제에 이어, 폭우가 쏟아지던 날에 동물의 사체들이 비에 떠다니던 것이 종종 보였다는 과거의 상황이 서술되었다. 이러한 광경이 자주 보이면서 이 속담이 유명해졌을 것이라 추측한다.

Does it ever really rain cats and dogs?

A Most of us have heard the phrase, 'it's raining cats and dogs!' In fact, people have been saying it for centuries. [We know that British poet Henry Vaughan referred to "dogs and cats rained in shower" as early as 1651. Q4/Q6] Since then, it has become probably the most famous idiom in the English language to describe very wet weather. But where does this saying come from?

B [Firstly, we can dismiss the idea of it being based on a literal event. While freakish weather has been known to carry frogs, fish and even larger animals skyward, it is implausible that enough cats and dogs have ever 'rained' together to prompt the development of a widely known phrase. Q1]

C A popular theory is that cats and dogs might have been tumbled from slippery roofs during rainfall, along with mice, rats and so on. [The problem is that no one can convincingly explain why cats and dogs would gather together on a roof. Cats could seek refuge on the inside of a rooftop so that they would be sheltered from rain, but dogs are rarely seen there. Q7]

D Another unlikely idea proposes that [Norse mythology inspired the idiom. Q3] This claim is based on the ancient belief that cats caused storms and dogs were attendants to Odin, the god of storms. These associations may be interesting, [but there is insufficient evidence to link them with 'raining cats and dogs'. Q8]

E [Alternatively, could the phrase have evolved from other languages? The outdated French word 'catadoupe' means 'waterfall' and the Greek expression 'cata doxa' translates into English as 'contrary to experience or belief'. Q2] [However, it is an etymological stretch to take these possibilities too seriously. Q8]

F So, do we have a better suggestion? A compelling, if unpleasant, explanation is hinted by [Jonathan Swift, the renowned author of the 18th century satire *Gulliver's Travels*. His 1710 poem *City Shower* mentions dead puppies and cats in a flood. Later, in 1738, one of Swift's characters in his *Complete Collection of Genteel and Ingenious Conversation* fears it might "rain cats and dogs". Q5/Q9] [Maybe the idiom developed during an era when deceased animals commonly floated into sight when it rained heavily. Q10]

G Then again, perhaps cats and dogs just form a catchy partnership when attempting to capture the idea of particularly heavy rain. The notion of these animals fighting with each other as they fall through the sky is an imaginative way to describe the violence of a strong storm. Ironically, we often repeat the phrase today without much imagination at all!

정말 고양이와 개가 비처럼 내릴까?

A 우리 대부분은 '비가 억수같이 쏟아지고 있다'라는 문구를 들어본 적이 있다. 사실상 사람들은 수세기 동안 이 말을 해오고 있다. 우리는 영국의 시인 헨리 본(Henry Vaughan)이 일찍이 1651년에 "개와 고양이가 소나기로 내렸다"라고 언급했다고 알고 있다. 그때부터 영어에서는 비가 많이 오는 날씨를 묘사하는 가장 유명한 관용어가 되었을지도 모른다. 그런데 이 말은 어디에서 온 것일까?

B 맨 먼저, 우리는 그것이 문자 그대로의 사건에 근거한다는 생각은 묵살해 버려도 된다. 기이한 날씨가 개구리, 물고기, 심지어 더 큰 동물들을 하늘로 날아오르게 한다고 알려진 적이 있긴 하지만, 널리 알려진 구문의 개발을 촉구할 정도로 충분한 고양이와 개가 함께 '비 내린' 적이 있다는 것은 믿기 어렵다.

C 한 인기 있는 이론은 고양이와 개들이 비가 오는 동안 미끄러운 지붕에서 생쥐, 시궁쥐 등과 마찬가지로 굴러 떨어졌을지도 모른다는 것이다. 문제는 어느 누구도 왜 고양이와 개들이 지붕에 같이 모였을지를 설득력 있게 설명할 수 없다는 점이다. 고양이들은 지붕 안쪽에서 피난처를 찾아 비를 피했을 수도 있지만, 지붕에 올라가는 개는 자주 보이지는 않는다.

D 또 하나의 가능성이 떨어지는 견해는 북유럽 신화가 이 관용어에 영감을 주었다는 것이다. 이 주장은 고양이가 폭풍을 유발하며 개는 폭풍의 신이 오딘(Odin)의 수행원이었다는 고대 믿음에 근거하고 있다. 이러한 연상은 흥미로울지도 모르지만, 그것을 '개와 고양이 비가 내리는 것'과 연결 지을 만한 증거는 충분하지 않다.

E 그렇지 않으면, 그 문구가 다른 언어로부터 진화했을 수도 있을까? 옛날에 쓰였던 프랑스어 단어인 'catadoupe'는 '폭포'를 의미하고 그리스어 표현인 'cata doxa'는 영어로 '경험이나 믿음과는 반대인'이라고 번역된다. 그러나, 이러한 가능성들을 너무 진지하게 받아들이는 것은 어원학상의 확대 해석이다.

F 그렇다면, 더 나은 제안이 있을까? 확 이끌리지는 않아도 설득력 있는 설명은 18세기에 나온 풍자 소설, '걸리버 여행기(Gulliver's Travels)'의 유명 작가 조나단 스위프트(Jonathan Swift)로부터 힌트를 얻을 수 있다. 그의 1710년작 '도시 소나기(City Shower)'라는 시는 홍수 속에 죽은 강아지와 고양이들을 언급한다. 후에, 1738년 스위프트의 '고상하고 독창적인 대화 전집(Complete Collection of Genteel and Ingenious Conversation)'의 등장인물들 중 한 명은 '고양이와 개가 내릴'까봐 두려워한다. 아마도 이 관용어는 폭우가 내리면 죽은 동물들이 흔히 떠올라서 눈에 띄던 시대에 개발되었을 것이다.

G 또 한편으로는, 아마 고양이와 개는 유별난 폭우에 대한 개념을 정확히 담아내고자 할 때 재미있고 외우기 쉬운 조합을 형성한다. 이 동물들이 하늘에서 떨어지면서 서로 싸운다 라는 개념은 강한 폭풍우의 난폭함을 묘사하기 위한 상상력이 풍부한 방법이다. 역설적이게도, 오늘날 우리는 별 상상력 없이 자주 이 표현을 반복한다!

Vocabulary

saying : 속담
implausible : 믿기 어려운, 타당하지 않은
association : 연상, 연계
outdated : 오래된, 유행이 지난
satire : 풍자
ingenious : 기발한, 독창적인
dismiss : 묵살하다, 잊다
mythology : 신화, 근거 없는 믿음
evolve : 진화하다
etymological : 어원학, 어원 연구
compelling : 설득력있는, 강렬한
deceased : 죽은, 사망한

READING PASSAGE

In search of the real King Arthur

A The names of King Arthur, Lancelot, Guinevere and Merlin are so steeped in legend that it is hard to distinguish their reality from fantasy. We certainly cannot confirm that they existed, nor the famous sword Excalibur and the Knights of the Round Table. The historical basis for Arthur has been debated for centuries, so let us examine the evidence.

B Ancient texts report battles involving a prominent figure named Arthur in post-Roman Britain around the 500s AD. The 9th-century *Historia Brittonum* documents 12 battles fought by Arthur. He is even supposed to have slain 960 men during one of these clashes at Badon. The 10th-century *Annales Cambriae* claims Arthur was killed at the Battle of Camlann between 537-539.

C There are several problems with these sources, which seemingly inspired Welsh poetry. Firstly, it must have been impossible for one person to have taken part in the various reported battles because they happened across such a range of times and places. Moreover, it is strange that Arthur was not mentioned by the Celtic monk Gildas, who wrote the only surviving contemporary record of the Battle of Badon. It is also important to note that even the accounts that do glorify Arthur refer to him without any royal title.

D So, why is King Arthur often considered one of Britain's renowned historical monarchs? The answer appears to be the success of *History of the Kings of Britain*, written by Geoffrey of Monmouth in the 12th century. This book immortalised most of the Arthurian legends that we cherish today. Subsequent English rulers like Henry VIII gave further credence to the King Arthur story by taking advantage of it for political purposes.

E It is unsurprising therefore that many modern historians are reluctant to take King Arthur all that seriously. Some concede that he was based on a real person, such as the military hero Ambrosius Aurelianus, who is mentioned by Gildas. Nevertheless, archaeologist Nowell Myres suggests of Arthur that "no figure on the borderline of history and mythology has wasted more of the historian's time."

F Perhaps King Arthur was a legend that people needed during centuries of turbulent changes of leadership. Maybe he was an actual warrior whose name changed according to different accounts. Either way, he remains a compelling figure who is still celebrated in movies, books and just about every artistic medium possible.

Questions 1-5

Look at the following list of headings (Question 1-5).

Match each heading with the correct paragraph, **A-F**.

Write the correct letter, **A-F**, in boxes 1-5 on your answer sheet.

1   The controversy on the documented history of King Arthur

2   Lingering debates on the legendary hero among academics

3   The written evidence of the battles of Arthur

4   Different perspectives on King Arthur as an icon and his influence on the modern arts

5   The possible reasons behind Arthur's fame

Questions 6-10

Complete the sentences below.

Choose **ONE WORD OR A NUMBER ONLY** *from the text for each answer.*

6   Old .... such as *Historia Brittonum* and *Annales Cambriae* records the battles fought by Arthur, an outstanding soldier in history.

7   The historical basis for Arthur is rather weak for finding that he was not .... by Gildas who left the record of the Battle of Badon.

8   It is highly likely that because of the .... of *History of the Kings of Britain*, Arthur remains a popular inspiration to the modern arts.

9   Henry VIII even took advantage of King Arthur's story to fulfill his .... aspiration.

10   Some academics blames King Arthur for being on the borderline and having .... time of the historians.

Chapter 05 TEST 20 문제해석

Questions 1-5

Look at the following list of headings (Question 1-5).
Match each heading with the correct paragraph, **A-F**.
Write the correct letter, **A-F**, in boxes 1-5 on your answer sheet.
아래 보기의 5개 주제와 매칭되는 단락을 찾아 A—F로 답을 작성하세요.

1 The controversy on the documented history of King Arthur
   역사 기록 속의 아서왕에 대한 논란

2 Lingering debates on the legendary hero among academics
   전설적 영웅에 대한 지속적인 논쟁

3 The written evidence of the battles of Arthur
   아서가 참전한 전쟁에 관한 기록된 증거

4 Different perspectives on King Arthur as an icon and his influence on the modern arts
   우상으로서의 아서왕에 관한 다양한 관점들과 현대 예술에 미치는 영향

5 The possible reasons behind Arthur's fame
   아서왕의 유명세에 대한 가능성 있는 이유들

TEST 20 문제풀이

> **유형**
> **Heading** 보기에서 각 단락의 주제문을 찾는 객관식 문제

1 C

보기에 있는 'controversy'라는 단어와 'documented'라는 단어를 해석하고 역사 속 기록에 대한 문제점을 말하고 있는 문단을 찾는다. 역사 기록들에 대해 언급했던 단락 B에서 이어지는 C의 첫 문장에서 'problems with these sources'라는 구가 큰 힌트가 된다.

2 E

불완전하고 논란이 많은 기록으로만 남겨진 인물임에도 불구하고, 현대의 역사학자들까지 아서왕에 대해 신경 쓰고 있다는 내용이 들어간 단락을 찾아본다. 'lingering'이라는 단어는 '오랫동안 질질 끌며 지속되는'의 뉘앙스를 가지고 있으며, 그렇기 때문에 예전부터 있었던 학술적 논쟁이 지금에 이르기까지 지속되고 있다는 내용을 찾으면 된다.

3 B

'글로 기록된 증거'라는 보기를 해석한 후, 책이나 연구 논문의 제목과 같은 문구가 있는 단락을 중점적으로 보면 된다. 그런 단락은 B와 D가 있는데 이 중에서 아서왕의 전쟁 중 업적이 구체적으로 기재된 단락은 B이다.

4 F

아서왕에 대한 다양한 해석과, 지금까지도 영화, 책 등으로 사랑받는 영웅적 인물임을 보여주는 내용이 단락 F에 있다. 실제로도 아서왕의 이야기는 다양한 형태의 예술로 재창조되거나 재현되고 있다.

5 D

아서왕에 대한 다양한 논란이 있음에도 불구하고 현대까지 지속되는 유명세에 대한 이유가 담긴 단락을 찾는다. 이 지문에서는 좀 더 쉽게 풀 수 있는 힌트가 있었는데 바로 보기에 나온 'reasons'가 나올 수 있는 'why 질문'으로 단락 D가 시작했다는 것이다. 이 단락에서는 브리튼 왕들의 역사(History of the Kings of Britain)나 헨리8세의 예시를 들며 아서왕이 유명해진 이유에 대해 설명하고 있다.

TEST 20 문제해석

Questions 6-10

Complete the sentences below.

*Choose **ONE WORD OR A NUMBER ONLY** from the text for each answer.*

지문에서 각 문제의 답을 **한 단어 혹은 하나의 숫자**로 찾아 아래 문장들을 완성하세요.

6 Old .... such as *Historia Brittonum* and *Annales Cambriae* records the battles fought by Arthur, an outstanding soldier in history.
브리튼 역사(Historia Brittonum)나 웨일스 연대기(Annales Cambriae)와 같은 오래된 .... 가 역사 속 뛰어났던 군인 아서의 참전을 기록하고 있다.

7 The historical basis for Arthur is rather weak for finding that he was not .... by Gildas who left the record of the Battle of Badon.
바돈(Badon) 전투에 관한 기록을 남긴 길다스에 의해 .... 않은 것을 볼 때 아서왕의 역사적 근거는 약한 것으로 받아들여진다.

8 It is highly likely that because of the .... of *History of the Kings of Britain*, Arthur remains a popular inspiration to the modern arts.
브리튼 왕들의 역사(History of the Kings of Britain)의 .... 때문에 아서왕은 현대 예술에 이르기까지 영감을 주는 존재로 남아있을 가능성이 높다.

9 Henry VIII even took advantage of King Arthur's story to fulfill his .... aspiration.
헨리 8세는 아서왕의 이야기를 이용하여 그의 .... 포부를 실현하는 이득을 취했다.

10 Some academics blames King Arthur for being on the borderline and having .... time of the historians.
몇몇 학자들은 애매한 경계에 있었던 킹아서라는 인물 때문에 역사학자들의 시간이 .... 다고 말하기도 한다.

Chapter 05

TEST 20 문제풀이

> **유형**
> **Short Answer** 질문에 간단하게 답하는 주관식 문제

6 texts
이탤릭체로 나온 고유명사들이 어떤 것인지를 파악한다. 문단 B를 통해 이것들이 '문서, 책, 기록'의 형태임을 알 수 있으며, 이런 형태를 포괄적으로 의미하는 것은 문단 첫 줄에 나온 'texts'이다. 언급된 기록이 2개 이상이므로 복수형으로 답을 적는다.

7 mentioned
아서왕은 역사 속 실존 인물인지에 관한 논란이 많았는데 그 중 하나는 바돈 전투를 기록한 길다스에 의해 언급되지 않았다는 점이다. 보기에서 나온 Gildas와 the Battle of Badon을 힌트로 삼아 과거 분사 형태로 답을 적는다.

8 success
현대에 이르기까지 다양한 예술 장르에 아서왕이 등장하는 가장 큰 이유는 브리튼 왕들의 역사라는 12세기에 쓰여진 책이 흥행했기 때문이라고 필자는 말한다. 답을 적을 때 반복되는 스펠링이 있으므로 철자를 틀리지 않도록 주의한다.

9 political
아서왕이 가졌던 유명세와 신화적인 이미지 때문에 정치적 목적으로 이용되는 경우도 있었다. 영국의 헨리 8세가 예시로 나왔으며 '이득을 취하다' 라는 뜻의 'take advantage of'라는 숙어는 정말 자주 나오므로 꼭 외우도록 한다.

10 wasted
아서왕에 대한 많은 연구가 이루어졌지만 역사와 신화의 경계에 있었던 모호함과, 그 모호함을 뛰어넘는 인기 때문에 그에 대한 연구가 역사학자들의 시간을 낭비했다고 말하는 사례가 지문에 나와있다. 문장들이 paraphrase되어 보기가 쓰인 점에 유의한다.

In search of the real King Arthur

A The names of King Arthur, Lancelot, Guinevere and Merlin are so steeped in legend that it is hard to distinguish their reality from fantasy. We certainly cannot confirm that they existed, nor the famous sword Excalibur and the Knights of the Round Table. The historical basis for Arthur has been debated for centuries, so let us examine the evidence.

B [Ancient texts Q6 report battles involving a prominent figure named Arthur in post-Roman Britain around the 500s AD. The 9th-century *Historia Brittonum* documents 12 battles fought by Arthur. He is even supposed to have slain 960 men during one of these clashes at Badon. The 10th-century *Annales Cambriae* claims Arthur was killed at the Battle of Camlann between 537-539. Q3]

C [There are several problems with these sources, which seemingly inspired Welsh poetry. Firstly, it must have been impossible for one person to have taken part in the various reported battles because they happened across such a range of times and places. Moreover, it is strange that Arthur was not mentioned Q7 by the Celtic monk Gildas, who wrote the only surviving contemporary record of the Battle of Badon. It is also important to note that even the accounts that do glorify Arthur refer to him without any royal title. Q1]

D So, why is King Arthur often considered one of Britain's renowned historical monarchs? [The answer appears to be the success Q8 of *History of the Kings of Britain*, written by Geoffrey of Monmouth in the 12th century. This book immortalised most of the Arthurian legends that we cherish today. Subsequent English rulers like Henry VIII gave further credence to the King Arthur story by taking advantage of it for political Q9 purposes. Q5]

E It is unsurprising therefore that many modern historians are reluctant to take King Arthur all that seriously. [Some concede that he was based on a real person, such as the military hero Ambrosius Aurelianus, who is mentioned by Gildas. Nevertheless, archaeologist Nowell Myres suggests of Arthur that "no figure on the borderline of history and mythology has wasted Q10 more of the historian's time." Q2]

F [Perhaps King Arthur was a legend that people needed during centuries of turbulent changes of leadership. Maybe he was an actual warrior whose name changed according to different accounts. Either way, he remains a compelling figure who is still celebrated in movies, books and just about every artistic medium possible. Q4]

진짜 아서왕을 찾아서

(※ 외래어는 한글 맞춤법에 맞추어 표기되었음)

A   아서(Arthur)왕, 랜슬롯(Lancelot), 귀네비어(Guinevere), 멀린(Merlin)이라는 이름들은 이미 깊이 스며든 전설로 남아서 그 실체와 환상을 구분하기가 어렵다. 우리는 그들이 실존했는지 확신할 수 없으며, 그 유명한 엑스칼리버(Excalibur)검과 원탁의 기사들(Knights of the Round Table) 또한 마찬가지이다. 아서에 대한 역사적 근거는 수세기 동안 논쟁되어 왔기에, 이제부터 우리가 그 증거를 검토해보도록 하자.

B   고대 문서들은 약 서기 500년대 로마 통치 이후 브리튼 시대에 아서(Arthur)라는 이름의 유명한 인물과 관련된 전투들을 보고하고 있다. 9세기 '브리튼 역사(Historia Brittonum)' 문서에는 아서가 참전한 12개 전투가 기록되었다. 그는 바돈(Badon)에서의 이러한 무력충돌 중 하나에서 무려 960명을 죽였던 것으로 추정된다. 10세기 '웨일스 연대기(Annales Cambriae)'는 아서가 537년에서 539년 사이에 캄란 전투(Battle of Camlann)에서 사망했다고 주장한다.

C   이 자료들은 몇 가지 문제점이 있음에도 (그대로 사용되어서) 웨일즈 시 문학에 영감을 주었던 것으로 보인다. 첫째로, 매우 광범위한 시대와 장소에 걸쳐 발생한 전투들에 단 한 사람이 모두 참전하는 것은 틀림없이 불가능했을 것이다. 게다가, 아서가 켈트족 수도승인 길다스(Gildas)에 의해 언급되지 않았다는 점도 이상한데, 그는 유일하게 남아있는 바돈 전투와 당대 기록의 작가이기 때문이다. 심지어 아서를 진정으로 찬양하는 진술들조차 그를 어떤 국왕 칭호도 없이 언급한다는 점 또한 중요하다.

D   그렇다면, 왜 아서왕은 종종 브리튼의 유명한 역사적 군주 중 한 명으로 여겨지는 것일까? 그 답은 12세기에 몬머스의 제프리(Geoffrey of Monmouth)에 의해 쓰여진 '브리튼 왕들의 역사(History of the Kings of Britain)'의 흥행에 있는 것 같다. 이 책은 오늘날 우리가 소중히 여기는 아서왕의 전설들을 영원히 접할 수 있게 해주었다. 헨리 8세(Henry VIII)와 같은 후세 영국의 통치자들은 그것을 정치적 목적으로 이용함으로써 아서왕 이야기에 더 신뢰성을 부여했다.

E   그러므로 많은 현대 역사학자들이 아서왕을 그렇게까지 진지하게 받아들이기를 꺼려한다는 것은 놀라운 일이 아니다. 어떤 사람들은 그가 길다스(Gildas)에 의해 언급된 군사 영웅 암브로시우스 아우렐리아누스(Ambrosius Aurelianus)와 같은 실제 인물에 근거를 두었다고 인정한다. 그럼에도 불구하고 고고학자인 노웰 마이어스(Nowell Myres)는 아서에 대해 "역사와 신화의 경계선 상의 어떤 인물도 역사가의 시간을 더 많이 낭비하지는 않았다"라고 시사했다.

F   아마도 아서왕은 지도자가 격변하는 수세기 동안 사람들이 필요로 했던 전설이었을 것이다. 어쩌면 그는 다른 진술에 따라 그 이름이 바뀐 실제 전사였을지도 모른다. 어느 쪽이든, 그는 여전히 영화, 책, 그리고 가능한 거의 모든 예술 매체에서 찬양되는 강렬한 인물로 남아있다.

Vocabulary

steeped : 깊이 스며든
prominent : 유명한, 눈에 잘 띄는
glorify : 찬미하다, 미화하다
immortalise : 영생의 존재로 만들다, 불멸하게 하다
subsequent : 잇따르는, 그 다음의
take advantage of : 이득을 취하다
archaeologist : 고고학자
medium : 매체

debate : 논쟁
contemporary : 당대의, 동시대의
monarch : 군주
cherish : 아끼다, 소중히 여기다
credence : 신빙성, 믿음
concede : 인정하다
turbulent : 격동의, 요동치는

Level : Advanced ★★★

BRING YOUR TOMORROW CLOSER

What does your tomorrow mean to you?
A better future, a new life, more opportunities.
However you imagine your future, we can help you get there.
Take IELTS with British Council for aseamless test day experience.

주한영국문화원 IELTS

영국문화원IELTS

Telephone. 02 3702 0601   E-mail. exams@britishcouncil.or.kr   Website. https://reg.britishcouncil.kr

Address. 서울특별시 중구 서소문로 11길 19 (정동 34-5 배재정동빌딩B동) 2층 주한영국문화원 (우)04516

아이엘츠 & 유학 준비는
유학 1위 기업과 함께!

종로유학원
Chongro Overseas Educational Institute

대한민국 1등 안심유학

언론사, 소비자, 전문가들이 선정하는 최고 권위의 브랜드 대상에서
수년간 유학부문 1위를 지키며 명실공히 국가대표 유학원임을 인정받고 있습니다.

 **올해의 브랜드 대상**
14년 연속 수상
주관 | 한국경제신문, 한국소비자포럼

 **대한민국 국가브랜드 선정**
유학원 최초 국가브랜드 선정
주최 | 중앙일보, 후원 | 지식경제부

 **대학생 선호도 1위 기업**
12년 연속 수상
주최 | 한국대학신문

 **국제교육&박람회 전문가 그룹**
ICEF 인증

 **영국전문유학원**
주관 | 주한영국문화원

뉴질랜드 교육진흥청 인증 유학원
Educatonal New Zealand

문의 | 1577 - 5682

줄리정 불법아이엘츠 READING

강의 한 눈에 보기

IELTS Reading 트렌드 완전 정복!
불법 아이엘츠 × 시원스쿨 아이엘츠 릭김 선생님의 명품 강좌!
최신 IELTS Reading 문제유형, 빈출 유형을 체계적으로 학습할 수 있습니다.

20일만에 IELTS Reading 기본기 완성!
IELTS Reading 20개 주제를 하루에 한 강씩, 20일만에 마스터하세요!
다양한 문제유형을 익혀 아이엘츠 고득점에 가까워집니다.

부담 없이 들을 수 있는 강의 길이!
평균 러닝타임 30분으로 어디서나 집중력 있게 수강 가능합니다.
꾸준한 학습으로 IELTS Reading 영역 고득점을 달성하세요!

본 교재를 더 쉽고 체계적으로 학습하기 원하시는 분들을 위해 유료 동영상 강의를 제공합니다.
시원스쿨 아이엘츠 사이트(ielts.siwonschool.com) 에서 불법 아이엘츠 Reading 강의를 만나보세요!

아이엘츠 독보적 1위
줄리정 불법 아이엘츠 고득점 비법

- But / However / On the other hand / Instead 다음에 답이 나온다.
- 스펠링에 자신 없으면 고득점 안 나온다.

- 1번 문제부터 푼다는 생각을 버려라.
- 무조건 주관식 문제부터 풀어야 한다.

- 문법보다 단어가 더 중요하다.
- Task 2부터 무조건 먼저 쓴다.

- 목소리만 크게 말해도 1점 올라간다.
- 문법 틀려도 좋다. 수다쟁이가 되라.

국내 유일 전 과목 강의!
줄리정 불법 아이엘츠 시리즈로 완성